Coleção
LEIS ESPECIAIS
para **concursos**

38

Dicas para realização de provas com questões de concursos e jurisprudência do STF e STJ inseridas artigo por artigo

Coordenação:
LEONARDO GARCIA

ORGANIZAÇÕES SOCIAIS (OS) E ORGANIZAÇÕES DA SOCIEDADE CIVIL DE INTERESSE PÚBLICO (OSCIP)

Leis 9.637/98 e 9.790/99
Decreto 9.190/2017 (Programa Nacional de Publicização)

Coleção
LEIS ESPECIAIS
para **concursos**
Dicas para realização de provas com questões de concursos
e jurisprudência do STF e STJ inseridas artigo por artigo

38

Coordenação:
LEONARDO GARCIA

CARLOS EDUARDO RANGEL XAVIER

ORGANIZAÇÕES SOCIAIS (OS) E ORGANIZAÇÕES DA SOCIEDADE CIVIL DE INTERESSE PÚBLICO (OSCIP)

Leis 9.637/98 e 9.790/99
Decreto 9.190/2017 (Programa Nacional de Publicização)

2ª edição
revista, atualizada
e ampliada

2019

EDITORA
*Jus*PODIVM
www.editorajuspodivm.com.br

EDITORA
*Jus*PODIVM
www.editorajuspodivm.com.br

Rua Território Rio Branco, 87 – Pituba – CEP: 41830-530 – Salvador – Bahia
Tel: (71) 3045.9051
• Contato: https://www.editorajuspodivm.com.br/sac

Capa: Ana Caquetti

Diagramação: Marcelo S. Brandão *(santibrando@gmail.com)*

O68 Organizações Sociais (OS) e Organizações da Sociedade Civil de Interesse Público (OSCIP) / Carlos Eduardo Rangel Xavier – 2. ed. rev., atual. e ampl. – Salvador: Ed. Juspodivm, 2019.
160 p. (Leis Especiais para Concursos, v.38/ coordenador Leonardo Garcia)

Bibliografia
ISBN 978-85-442-0978-3

1. Direito Administrativo. 2. Organizações Sociais I. Xavier, Carlos Eduardo Rangel II. Título.

CDD 341.32271

Proposta da Coleção *Leis Especiais para Concursos*

A Coleção *Leis Especiais para Concursos* tem como objetivo preparar os candidatos para os principais certames do país.

Pela experiência adquirida ao longo dos anos, dando aulas nos principais cursos preparatórios do país, percebi que a grande maioria dos candidatos lê apenas as leis especiais, deixando os manuais para as matérias mais cobradas, como constitucional, administrativo, processo civil, civil, etc. Isso ocorre pela falta de tempo do candidato ou porque faltam no mercado livros específicos (para concursos) em relação a tais leis.

Nesse sentido, a Coleção *Leis Especiais para Concursos* tem a intenção de suprir uma lacuna no mercado, preparando os candidatos para questões relacionadas às leis específicas, que vêm sendo cada vez mais contempladas nos editais.

Em vez de somente ler a lei seca, o candidato terá dicas específicas de concursos em cada artigo (ou capítulo ou título da lei), questões de concursos mostrando o que os examinadores estão exigindo sobre cada tema e, sobretudo, os posicionamentos do STF, STJ e TST (principalmente aqueles publicados nos informativos de jurisprudência). As instituições que organizam os principais concursos utilizam os informativos e as notícias (publicados na página virtual de cada tribunal) para elaborar as questões de concursos. Por isso, a necessidade de se conhecer (e bem!) a jurisprudência dos tribunais superiores.

Assim, o que se pretende com a presente coleção é preparar o leitor, de modo rápido, prático e objetivo, para enfrentar as questões de prova envolvendo as leis específicas.

Boa sorte!

Leonardo Garcia
Coordenador da coleção
www.leonardogarcia.com.br

Nota do Autor à 2ª edição

A chamada "Reforma do Estado", inspiradora, dentre outros diplomas normativos, das Leis 9.637/98 e 9.790/99 (a partir de agora, apenas LOS e LOSCIP, respectivamente), é uma realidade – embora, por alguns, criticada – inegável. Cada dia cresce a utilização dos mecanismos introduzidos pelas leis mencionadas, assim como a disseminação de seus modelos nos Estados e Municípios.

Paralelamente, o conhecimento desta matéria vem sendo cada vez mais exigido em concursos públicos – notadamente, como se perceberá, os da Magistratura Federal.

Nessa dúplice perspectiva, o presente livro, agora em sua 2ª edição, objetiva apresentar instrumental útil aos operadores do Direito – e, em especial, aos candidatos, na incansável luta por sua aprovação.

Para os que se dedicam ao estudo para concursos, a tabela a seguir demonstra os pontos da legislação que mais vêm sendo objeto de questionamento, com a indicação dos dispositivos respectivos.

Assunto	Dispositivos legais	Concursos em que houve questionamento
Noções sobre a **"Reforma do Estado"** e o princípio da **subsidiariedade**	Noções estritamente teóricas: Itens **1**, **2** e **3** e **5** da **Introdução** deste livro	• *Juiz Federal – 4ª Região (2012)* • *Juiz Federal – 2ª Região (2011)* • *Juiz Federal – 5ª Região (2009)*
OSs em âmbito estadual e municipal	Aspecto não tratado diretamente na LOS, que depende de conhecimentos gerais sobre o Direito Constitucional (federalismo) e o Direito Administrativo brasileiro. Item **6** da **Introdução** deste Livro	• *Juiz de Direito/DF (2014)*

Assunto	Dispositivos legais	Concursos em que houve questionamento
Caráter de **pessoas jurídicas de direito privado** das OSs e OSCIPs arts. 1º e 2º da LOS e 1º da LOSCIP	Arts. **1º e 2º da LOS** Art. **1º da LOSCIP**	• *Juiz Federal – 3ª Região (2016)* • *Juiz Federal – 2ª Região (2013)* • *Juiz Federal – 4ª Região (2012)* • *Juiz Federal – 2ª Região (2011)* • *Juiz Federal – 3ª Região (2011)*
Contrato de gestão e **termo de parceria**	Arts. **5º a 15 da LOS** Arts. **9º a 15 da LOSCIP**	• *Juiz Federal – 5ª Região (2014)* • *Juiz Federal – 4ª Região (2014)* • *Juiz de Direito/DF (2014)* • *Juiz Federal – 2ª Região (2013)* • *Juiz de Direito – BA (2012)* • *Juiz Federal – 1ª Região (2011)* • *Juiz Federal – 3ª Região (2011)* • *Juiz Federal – 2ª Região (2011)* • *Juiz Federal – 1ª Região (2009)* • *Juiz Federal – 2ª Região (2009)* • *PGE/PE (2009)* • *Juiz de Direito/ES (2009)*
Desqualificação de entidades como OS e OSCIP	Art. **16 da LOS** Art. **7º da LOSCIP**	• *Juiz Federal – 4ª Região (2012)* • *Juiz Federal – 1ª Região (2009)* • *PGE/PE (2009)*

Assunto	Dispositivos legais	Concursos em que houve questionamento
Pessoas jurídicas de direito privado que **não podem ser qualificadas como OSCIP**	Art. **2º da LOSCIP**	• *Juiz Federal – 5ª Região (2014)* • *Juiz Federal – 4ª Região (2014)* • *Juiz de Direito/DF (2014)* • *Juiz Federal – 1ª Região (2011)* • *Juiz Federal – 1ª Região (2009)* • *Juiz Federal – 2ª Região (2009)* • *Juiz de Direito/ES (2009)*
Conselho de Administração	Art. **3º da LOS** Art. **4º, par. único, da LOSCIP**	• *Juiz Federal – 3ª Região (2011)* • *Juiz Federal – 1ª Região (2009)* • *PGE/PE (2009)* • *Juiz de Direito/ES (2009)*
Controle externo e **prestação de contas**	Art. **9º da LOS** Arts. **4º VII, *d*,** e **12 da LOSCIP**	• *Juiz Federal – 2ª Região (2013)* • *Juiz de Direito – BA (2012)* • *Juiz Federal – 2ª Região (2011)*

Nesta 2ª edição, além da natural revisão da obra, foram incorporadas novas questões de concursos e novos julgados dos Tribunais. Decisões dos TRFs são arroladas juntamente com as do STF e do STJ porque a jurisprudência daqueles ainda é mais pródiga do que a destes (são poucos os julgados dos Tribunais Superiores que tratam de aplicação da LOS e da LOSCIP). A compilação da jurisprudência dos Tribunais Regionais Federais, de todo modo, é reputada interessante até mesmo em razão da finalidade eminentemente prática deste livro: além de servir àqueles que se dedicam à aprovação em concurso (e, como já mencionado, a maior incidência de questionamentos é encontrada em concursos da Magistratura Federal), a obra tem a potencialidade de ser útil (como se tem percebido, de resto, com toda a coleção "Leis Especiais" da Editora Juspodivm) à consulta da comunidade jurídica em geral. Como as leis objeto de consideração são leis federais (não nacionais, como se verá no item **6** da **Introdução**), cujo objetivo é disciplinar relações jurídicas travadas entre a União e pessoas jurídicas de direito privado, a litigiosidade subjacente tem como destino natural o Poder Judiciário Federal (art. 109, I, da CRFB); daí a clara conveniência de demonstrar sob que viés a LOS e a LOSCIP têm sido questionadas perante os TRFs e, mais, como estes vêm decidindo sobre sua aplicação.

Importante destacar, ainda, a ampliação do texto, com a inserção de novos comentários e a reformulação da parte introdutória, em especial com a inserção de tópico, inexistente na 1ª edição, especificamente dedicado à chamada "Reforma do Estado". Como mencionado logo ao início, a Reforma do Estado é uma realidade inafastável, sendo o pano de fundo político por trás da LOS e da LOSCIP, motivo pelo qual sua consideração é mesmo fundamental para a melhor compreensão destes diplomas normativos.

Por fim, antes da publicação desta 2ª edição, o Chefe do Poder Executivo Federal editou o Decreto 9.190/2017 (posteriormente complementado pelo Decreto 9.469/2018, que criou o "Programa Nacional de Publicização" (PNP), previsto no artigo 20 da LOS, mas, até então, ainda não implementado. Em razão da novidade e da relevância desse ato normativo, ele será também incluído e comentado, ainda que os comentários consistam apenas em explicações mais gerais e impressões iniciais, já que, obviamente, não houve tempo para que o decreto fosse apreciado em ações judiciais ou objeto de questões de concurso.

SUMÁRIO

Abreviaturas utilizadas nas referências e nos comentários

ADI – (Ação Direta de Inconstitucionalidade)

ABTLus – (Associação Brasileira de Tecnologia de Luz Síncrotron)

AGU – (Advocacia-Geral da União)

CRFB – (Constituição da República Federativa do Brasil)

CPC – (Código de Processo Civil)

CNPq – (Conselho Nacional de Desenvolvimento Científico e Tecnológico)

LNLS – (Laboratório Nacional de Luz Síncrotron)

LOS – (Lei n. 9.637/98; Lei das Organizações Sociais)

LOSCIP – (Lei n. 9.790/99; Lei das Organizações da Sociedade Civil de Interesse Público)

MP – (Ministério Público)

ONG – (Organização Não Governamental)

OS – (Organização Social)

OSCIP – (Organização da Sociedade Civil de Interesse Público)

PGE – (Procuradoria-Geral do Estado)

PNP – (Programa Nacional de Publicização)

STF – (Supremo Tribunal Federal)

STJ – (Superior Tribunal de Justiça)

SUS – (Sistema Único de Saúde)

TCU – (Tribunal de Contas da União)

TRF – (Tribunal Regional Federal)

Introdução

1. A "Reforma do Estado":

A primeira noção importante para compreender o contexto em que se inserem a LOS e a LOSCIP é a de "Reforma do Estado".

A Reforma do Estado é um processo de transformações social, administrativa e jurídica típica da pós-modernidade, pelo qual o Estado cada vez mais deixa de atuar de forma direta na prestação dos serviços públicos, valendo-se da sociedade civil organizada para sua prestação.

Esse processo é claramente informado pelo **princípio da subsidiariedade**, segundo o qual o monopólio de determinada atividade pelo Estado deve estar relacionado com a inviabilidade ou com a inconveniência do desempenho dessa mesma atividade pela sociedade ou pela iniciativa privada.[1]

A diferenciação dos serviços públicos de acordo com sua natureza determina as duas posturas diferentes adotadas pelo Estado à luz do princípio da subsidiariedade.

Em relação aos serviços públicos ditos **econômicos ou privativos** (como o fornecimento de energia elétrica, água, serviços de telecomunicação e assemelhados) em que a disponibilização da utilidade está ligada à exploração de atividade econômica ditada pela contraprestação financeira do usuário, o fenômeno que se verificou foi o da "**privatização**". Esses serviços, que até então eram prestados diretamente pelo Estado, foram transpassados aos particulares.

O fenômeno da privatização está intimamente ligado à superação dos **monopólios naturais** pela **inovação tecnológica**.[2]

Monopólio natural representa a situação econômica em que a atribuição de determinado serviço a mais de um operador **não é capaz de gerar a redução de custos** para os usuários.

1. JUSTEN FILHO, Marçal. *Curso de Direito Administrativo.* 5ª ed. São Paulo: Saraiva; 2010, pp. 41-2 e 816.
2. *Idem*, pp. 713-4.

Do final do Século XIX até pelo menos a primeira metade do Século XX essa era a condição da maioria dos serviços prestados em rede. Energia elétrica, telefonia, água, transportes, todos eram, pelos padrões tecnológicos da época, **monopólios naturais**. Exatamente por isso, em razão do caráter essencial dessas prestações, o Estado as chamou para si, o que as transformou em **serviços públicos**.

Essa, portanto, a origem dos serviços públicos ditos econômicos ou privativos: trata-se de atividades que **eram monopólios naturais** e que, em razão de sua essencialidade, foram assumidas pelo Estado.

A **inovação científica,** contudo, permite que, mediante a incorporação de novas tecnologias (como no caso do fornecimento da energia elétrica e da atividade de telefonia), o serviço passe a ser prestado por **mais de um operador** e, assim, pela adoção de **mecanismos de mercado** (livre concorrência) os custos venham a ser diminuídos.

Daí a já afirmada *superação do monopólio natural pela inovação tecnológica.*[3]

A partir do momento em que uma atividade considerada pelo Estado como serviço público deixa, em razão da evolução da tecnologia, de ser, do ponto de vista econômico, monopólio natural, fica aberta a possibilidade de sua privatização. Perceba-se, contudo, que o modelo econômico que a propugna tem em vista exatamente a **multiplicação de operadores a fim de que, pelo progresso tecnológico e pela concorrência, o preço final do serviço posto à disposição dos usuários seja diminuído**.

Tendo sido ou não alcançado esse resultado,[4] a verdade é que, ao longo da década de 1990, a sociedade brasileira conviveu diuturnamente com a privatização, realidade que está sendo novamente vivenciada no momento em que a 2ª edição deste livro vem a lume.

---

3 A livre concorrência, fundamento para a transição dos monopólios naturais para a privatização das atividades, no entanto, é seriamente dificultada pela alta regulação dos serviços privatizados. Assim, a extrema dificuldade para que novos empreendedores entrem no mercado em razão da regulamentação exacerbada acaba fazendo com que se tenham "monopólios *de facto"* (concentração das atividades em poucas empresas), e isso com o aval do Estado. Não se está, no entanto, defendendo o retorno ao "monopólio natural" (prestação do serviço pelo Estado), uma vez que isso, para o consumidor final, é ainda pior. O que se está ponderando é que a regulamentação excessiva – e excessivamente burocrática – afasta a atividade do próprio ideal que motiva a privatização, que é a livre concorrência. *Don't tread on me!*

4 Leia a nota de rodapé 3.

Registra-se, a propósito, que as **críticas** ao fenômeno da privatização são estritamente **políticas**. Ou seja, dizem respeito à concepção de Estado de que parta o analista, no sentido de quanto deve a Administração Pública intervir diretamente no domínio econômico.

Por sua vez, os **serviços públicos ditos sociais ou de senhorio misto** (aqueles que podem ser oferecidos tanto pelo Estado como, concorrentemente, pela iniciativa privada, como a educação, a saúde, a cultura, a tecnologia, etc.), têm lógica um pouco diversa.

Quanto a esses, o Estado, à luz do princípio da subsidiariedade, tende a atuar como **fomentador** em razão do crescimento do chamado terceiro setor (veja-se, adiante, o item **3**). Não há, propriamente, privatização de parte do Estado (porque a medida não se coaduna com a natureza dos serviços públicos sociais, estando restrita apenas aos econômicos), mas o que se convencionou chamar de "**cooperação**" entre o Estado e as pessoas jurídicas de direito privado sem fins lucrativos.

Para contrapor essa última noção à de privatização, convencionou-se chamar a crescente atividade de cooperação entre o Estado e o terceiro setor de "**publicização**". Daí o nome do "Plano Nacional de Publicização" (PNP), previsto no artigo 20 da LOS e criado pelo Decreto 9.190/2017, assunto que será abordado logo adiante.

Por ora, é importante retomar os conceitos para a exata compreensão da ideia.

Quanto aos serviços públicos em relação aos quais a **exploração econômica** é inerente (telefonia, energia elétrica, transportes, etc.), o fenômeno verificado foi o da **privatização**: foram concedidos pelo Estado a **pessoas jurídicas de direito privado com fins lucrativos**. E o Estado passou a atuar subsidiariamente, por meio de atividade denominada **regulatória**. Daí a origem das diversas "Agências de Regulação" (como a ANATEL, ANEEL, ANTT, etc.): a partir do momento que o serviço público econômico é privatizado, incumbe ao Estado exercer funções de regulação e fiscalização da atividade exercida pela iniciativa privada.[5]

Já no que concerne aos serviços públicos **sociais** (saúde, educação, cultura, etc.), o que se vem verificando é o crescimento da atividade de **cooperação** entre o Estado e **pessoas jurídicas de direito privado sem fins**

5 Leia a nota de rodapé 3.

lucrativos (vejam-se, no item **3**, as explicações sobre o conceito de ONG), passando aquele a exercer o **fomento** (e não somente a regulação) do terceiro setor. Alguns, como mencionados, chamam este fenômeno de **publicização**.

No contexto da "**publicização**" (que afeta, não é demais lembrar, **serviços públicos sociais**), tudo seria muito tranquilo se a Administração Pública brasileira não tivesse utilizado a noção de "publicização" para, em alguns casos, transpassar a execução de serviços públicos **historicamente a seu cargo** para pessoas jurídicas de direito privado e, assim, segundo acusam alguns, contornar o regime jurídico administrativo que antes lhe era inerente.

A experiência foi veiculada, inicialmente, por meio da **Lei 8.246/91**, que autorizou o Poder Executivo federal a extinguir a "Fundação das Pioneiras Sociais" e transpassar a gestão do serviço de saúde a seu encargo ao então criado "Serviço Social Autônomo Associação das Pioneiras Sociais", com o que *a administração da Rede Sarah de hospitais passou às mãos de pessoa jurídica de direito privado criada pela própria Administração Pública.*

Incorporando a ideia, a LOS, em seu art. 21, extinguiu mais uma fundação e um órgão público federais, transpassando a administração dos serviços públicos respectivos agora a "organizações sociais" que lhes sucederam, e ainda previu a instituição do "Programa Nacional de Publicização" (art. 20 da LOS).

Enquanto a "publicização" denotasse apenas o exercício de fomento das atividades do terceiro setor, tudo bem. A partir do momento em que a expressão passa a comportar a ideia da extinção de pessoas administrativas ou órgãos federais para o repasse de seus serviços a pessoas jurídicas de direito privado especialmente criadas com esta finalidade (art. 20 da LOS), a situação – como é mesmo meramente intuitivo – passa a ser objeto de grande controvérsia entre os cultores do Direito Administrativo brasileiro.

Assim é que, para muitos operadores do Direito, essa ideia de extinguirem-se pessoas administrativas ou órgãos públicos federais para o mero transpasse de sua atividade a OSs especificamente criadas para esse fim, por supostamente implicar burla ao regime jurídico-administrativo, seria inconstitucional. Assim pensam, como será visto na sequência do texto, o Prof. Celso Antônio Bandeira de Mello e o Min. Ayres Britto.

No *apêndice* (intitulado "O Neocolonialismo e o Direito Administrativo Brasileiro") de seu *Curso*, o Prof. Celso Antônio Bandeira de Mello, com a sagacidade que lhe é típica, apresenta uma visão crítica à "Reforma do Estado" empreendida na década de 90 do Século XX no Brasil. Segundo afirma, tanto teriam sido assimilados conceitos oriundos das culturas jurídicas estadunidense (como a própria designação "Agências", até então absolutamente estranha ao Direito Administrativo brasileiro) e europeia (como as chamadas PPPs) sem qualquer percepção crítica (no sentido da incompatibilidade desses institutos com a cultura, com a tradição jurídica ou mesmo com a realidade pátrias) como teriam sido engendrados mecanismos por meio dos quais o Estado passou a se desonerar de sua agenda social, dentre os quais figura a LOS.[6]

A visão do Min. Ayres Britto será apresentada por ocasião da consideração de seu voto na ADI 1923, no item **5.1** desta Introdução.

De todo modo, apesar das críticas, o PNP ficou no aguardo por quase 20 anos. Só veio a ser efetivamente regulamentado por meio do Decreto 9.190, de 1º de novembro de 2017. Em razão da novidade, o Decreto 9.190/2017 será incluído nesta 2ª edição e sobre ele serão apresentadas impressões iniciais.

A tabela a seguir retoma as ideias até aqui apresentadas:

– "Reforma do Estado" – *Influência sobre as duas diferentes espécies de serviços públicos*	
Serviços Públicos **Econômicos** • Energia elétrica • Telefone • Água • Transporte • Etc...	**Privatização** • A Administração Pública, mediante concessão ou permissão, **repassa** a execução destes serviços públicos a particulares, **pessoas jurídicas de direito privado com fins lucrativos**

6. MELLO, Celso Antônio Bandeira de. *Curso de Direito Administrativo.* 26ª ed. São Paulo: Malheiros; 2008, pp. 1049-63.

– "Reforma do Estado" – *Influência sobre as duas diferentes espécies de serviços públicos*	
	Papel exercido pelo Poder Público • **Regulação** da atividade privada • Surgimento das Agências Reguladoras – ANATEL – ANEEL – ANTT – Etc... Críticas ao modelo: • Estritamente **políticas**
Serviços Públicos **Sociais** (explorados em conjunto pela Administração Pública e pela iniciativa privada): • Saúde • Cultura • Tecnologia • Educação • Assistência social • Etc...	**Publicização** • A Administração Pública age em **cooperação** com o chamado terceiro setor, composto por **pessoas jurídicas de direito privado sem fins lucrativos** (também conhecidas como ONGs) Papel exercido pelo Poder Público • **Fomento** do terceiro setor • Surgimento de normativa própria (LOS e LOSCIP), contemplando instrumentos jurídicos por meio dos quais é estabelecido o regime de cooperação (contrato de gestão e termo de parceria) – OSs – contrato de gestão – OSCIPs – termo de parceria Críticas ao modelo ➢ **Também políticas**, a partir do momento em que a ideia de publicização passaria a comportar a possibilidade de extinção de pessoas administrativas ou órgãos públicos federais para a assunção de suas atividades por pessoas privadas especialmente criadas para este fim (**Lei 8.246/91** e **arts. 20 e 21 da LOS**).

Possivelmente até mesmo com o intuito de apaziguar as críticas, com a superveniência da LOSCIP no ano seguinte (1999) ao da aprovação da LOS, percebeu-se uma concentração maior do Poder Executivo federal no fomento às entidades qualificadas como OSCIPs e, eventualmente, à celebração, com estas, de **termos de parceria** por meio dos quais se estabelece a mencionada cooperação na prestação dos serviços públicos sociais. Agora, no entanto, com a criação do PNP por meio do Decreto 9.190/2017, é possível que haja um retorno mais acentuado à utilização do modelo das OSs pelo Poder Público Federal.

De todo modo, embora o modelo da LOSCIP não seja tão controvertido quanto o da LOS, a história recente do País infelizmente tem demonstrado, não raro, a utilização de OSCIPs em denunciados esquemas de desvio de dinheiro público.

E, por sua vez, não tardaram, Estados e Municípios, a copiar esse novo modelo de gestão implementado pela União (veja-se, adiante, o item **6**).

A fim de apresentar uma apreciação crítica ao PNP, na primeira edição deste livro concordou-se com a interpretação que o Min. Ayres Britto fez à ideia de "publicização", no sentido de que ela seria inconstitucional por permitir, eventualmente, uma total desoneração da prestação de determinados serviços pela Administração Pública (veja-se o item **5.1** desta Introdução, adiante).

Primeiramente, deve-se registrar desde já que essa tese não prevaleceu no STF (novamente remete-se ao item **5.1**, adiante), que reputou constitucional o "Programa Nacional de Publicização". Só do ponto de vista pragmático, portanto, já seria sem sentido sustentar a inconstitucionalidade da ideia de "publicização".

De todo modo, não há como explicar a mudança de posição do autor deste livro sem que se teçam algumas considerações do ponto de vista econômico e mesmo filosófico.

Nossa Constituição é social-democrática, sem dúvida. Do ponto de vista filosófico, o que está por trás dessa forma branda de socialismo é o coletivismo (prevalência do "interesse público sobre o privado") e o utilitarismo (a maximização da utilidade, de Jeremy Bentham). Por isso, há a previsão de uma série de serviços públicos como direitos fundamentais sociais.

Mas a forma como os serviços públicos serão atendidos não é disciplinada pela Constituição. Ao contrário, a Constituição prevê expressamente a "eficiência" como um dos princípios da Administração Pública (artigo 37, *caput*). É possível, então, que um modelo de fomento ao assim chamado terceiro setor acabe sendo realmente mais eficiente, basicamente por dois motivos. O primeiro é que uma OS, ou mesmo uma OSCIP, funciona como uma pessoa jurídica de direito privado. Isso, além de não sujeitar o serviço público à ineficiência da burocracia estatal, implica necessariamente o segundo motivo, que é a gradual diminuição da máquina estatal, aumentando a eficiência do próprio Estado.

Assim, não haverá inconstitucionalidade na simples "publicização" de uma atividade, com a sua execução por entidades do terceiro e o seu fomento pela Administração Pública mediante a celebração de contratos de gestão (com OSs) ou termos de parceria (com OSCIPs).

É verdade que essa constatação ainda desagrada a muitos no Brasil hoje em dia. Mas se trata, em geral, daqueles que retêm uma mentalidade coletivista e uma filosofia utilitarista por alguns motivos bem delimitados. Desses motivos, os principais são o benefício próprio – principalmente de políticos e servidores públicos, aqui incluídos juízes, membros do Ministério Público e advogados públicos[7], com uma máquina estatal inchada – e também o paternalismo que é próprio ao povo brasileiro.

Esse paternalismo, por sua vez, tem duas origens básicas.

A primeira é simples ingenuidade, ou mesmo ignorância, em razão de haver sido o estudo da Escola Austríaca de Economia sonegado da academia brasileira por razões claramente ideológicas, já que o marxismo foi a filosofia da história que impregnou o ambiente acadêmico brasileiro nas últimas décadas.

A segunda é mera demagogia daqueles mesmos que pensam só ter a ganhar com um Estado cada vez mais inchado.

Uma vez, no entanto, que se compreenda quão nocivas são as políticas de intervencionismo econômico e de expansão de crédito que estão nas bases da social-democracia (sendo, em resumo, o próprio Estado o responsável pelas cíclicas crises econômicas),[8] e que a social democracia ape-

---

7 Embora o autor deste livro seja, ele mesmo, Procurador do Estado (e, portanto, servidor público), aqui não pode deixar de manifestar uma opinião fiel à sua própria consciência.

8 Essa é a suma da tese que garantiu a Friederich von Hayek o Prêmio Nobel de Economia em 1974.

nas gera mais empobrecimento, e não a desejada prosperidade nacional,[9] torna-se impossível reter essa mentalidade.[10]

É por esses motivos que a 2ª edição desta obra não reproduzirá quaisquer críticas à política de fomento ao terceiro setor (críticas essas que supostamente afirmam inconstitucionalidade do modelo, mas que, na verdade, apenas revelam uma determinada concepção ideológica).

De todo modo, reforça-se não se cultivar a ingênua expectativa de que as entidades do terceiro setor, quer OSs, quer OSCIPs, não venham a ser utilizadas para os mais diversos esquemas de desvio de dinheiro público. Mas isso não tem nada a ver a questão que se está enfrentando, até mesmo porque todos os rigores do regime licitatório jamais foram impeditivos para corrupção neste País. O problema da corrupção é endêmico e cultural, e parece mesmo ser potencializado, ao menos por aqui, pelo tamanho do Estado em proporção direta: quanto maior o Estado brasileiro maior a corrupção.[11]

2. Mudança de paradigma do Direito Administrativo contemporâneo:

À contextualização das OSs e OSCIPs é ainda importante considerar a mudança de paradigma do Direito Administrativo contemporâneo.

O Direito Administrativo, cuja sistematização é reconduzida ao Direito francês do início do Século XIX,[12] foi construído sobre o paradigma da **"supremacia do interesse público sobre o privado"** (coletivismo).

Diante do Estado Constitucional, contudo, essa justificação teórica sofre fortes abalos.

Em primeiro lugar, em razão da vagueza e da imprecisão conceitual da noção de "interesse público": qualquer arbítrio estatal poderia, em princípio, ser justificado em nome do interesse público (como assim o foi diversas vezes ao longo da História).

---

9 Sobre isso, ver HOPPE, Hans-Hermann. *Decmocracia: o deus que falhou*. Tradução de Marcelo Werlang de Assis. São Paulo: Instituto Ludwig von Mises Brasil, 2014.

10 Foi o que aconteceu com o autor deste livro ao deparar-se com os escritos da Escola Austríaca de Economia. Para uma introdução a essa corrente de pensamento, ver MISES, Ludwig von. *As Seis Lições*. Tradução de Maria Luiza Borges. 7ª ed. São Paulo: Instituto Ludwig von Mises Brasil, 2009.

11 Remete-se novamente à obra de Hans-Hermann Hoppe.

12. MELLO, Celso Antônio Bandeira de. *Curso, cit.*, pp. 38-42.

Em segundo, porque a única razão de ser do Estado é, sem qualquer dúvida, a promoção dos direitos fundamentais. Tanto é assim que hoje se fala em *Neoconstitucionalismo* a fim de apontar o atual estágio de evolução do Direito Constitucional e o verdadeiro problema enfrentado pela comunidade jurídica na atualidade: dar efetividade aos direitos fundamentais.[13]

Em face dessas duas constatações, pode-se afirmar que o paradigma contemporâneo do Direito Administrativo passou a ser a **"promoção dos direitos fundamentais",** tarefa primeira e última do Estado (e, consequentemente, da Administração Pública).[14] A presença de prerrogativas em favor da Administração e a derrogação do regime de direito privado (caracteres presentes nas normas de Direito Administrativo), apenas se justificam, assim, na medida em que cabe ao Estado promover e dar efetividade aos direitos fundamentais.

Portanto, a mudança de paradigma percebida no Direito Administrativo contemporâneo coincide com a transição da ideia da *supremacia do interesse público sobre o privado* para a de *promoção e efetivação dos direitos fundamentais*. Essa é a nova justificação teórica do regime de Direito Administrativo, e todo o campo do Direito Público sofre essa releitura, determinada pelo *Neoconstitucionalismo.*

Na perspectiva da mudança de paradigma do Direito Administrativo, as formas como o Estado passa a atuar para alcançar sua finalidade de promoção dos direitos fundamentais são também reconsideradas. O regime de parceria com a iniciativa privada ganha cada vez mais destaque,[15] o mesmo podendo ser afirmado em relação à colaboração do assim chamado "terceiro setor" (veja-se o tópico **3**, logo abaixo).

O que é importante ficar claro é que resta superada a ideia de um Direito Administrativo que leva em conta apenas no conceito formal ou orgânico de Administração Pública[16] dando-se maior enfoque à noção de "atividade administrativa",[17] havendo quem distinga, nessa perspectiva, "função administrativa estatal e não-estatal".[18]

---

13. MENDES, Gilmar Ferreira e BRANCO, Paulo Gustavo Gonet. *Curso de Direito Constitucional.* 6ª ed. São Paulo: Saraiva; 2011, pp. 61-2.
14. JUSTEN FILHO, Marçal. *Curso de Direito Administrativo.* 5ª ed. São Paulo: Saraiva; 2010, p. 79.
15. As "Parcerias Público-Privadas" (PPPs) são disciplinadas pela Lei 11.079/2004.
16. GASPARINI, Diogenes. *Direito Administrativo.* 10ª ed. São Paulo: Saraiva; 2005, p. 43.
17. JUSTEN FILHO, Marçal. *Curso de Direito Administrativo, cit.,* pp. 260-1.
18. JUSTEN FILHO, Marçal. *Curso de Direito Administrativo, cit.,* p. 40.

Assim é que as novas figuras das Organização Sociais (OSs) e das Organizações da Sociedade Civil de Interesse Social (OSCIPs) ganham espaço no campo do Direito Administrativo contemporâneo. Embora não integrem formalmente (ou organicamente) o conceito de Administração Pública, a forma de colaboração que estabelecem com o Estado tendo em vista o atendimento da finalidade constitucionalmente conferida a este (a promoção dos direitos fundamentais) atrai a incidência de normas de Direito Administrativo, mais precisamente, as Leis 9.637/98 (LOS) e 9.790/99 (LOSCIP), objeto deste livro.

3. As assim chamadas Organizações Não Governamentais (ONGs):

Para a compreensão do âmbito de atividade exercida pelas OSs e OSCIPs, é preciso relembrar o conceito de *organização não governamental* (ONG). Isso porque as entidades que recebem a qualificação *jurídica* de OS ou OSCIP, antes, são reconhecidas *sociologicamente* como ONGs.

As ideias em itálico no parágrafo anterior (*jurídico* versus *sociológico*) são, efetivamente, o ponto de partida para a compreensão do significado da expressão ONG: **ONG não é um termo jurídico, é uma simples qualificação sociológica.**

A expressão foi primeiramente utilizada, no plano internacional, como referência a organizações supranacionais e internacionais que não poderiam ser confundidas com os Estados, tampouco que tivessem sido constituídas por estes. Passou-se, no âmbito das Nações Unidas, a utilizar o termo *Non-Governmental Organizations (NGO)* como forma de designar organizações com atuação internacional destacada, porém não constituídas por acordos governamentais – cf. Resolução n. 288 (X), de 1950, do Conselho Econômico e Social da ONU.

A ideia veio a ser incorporada no contexto interno de cada País. Embora não haja consenso integral em torno do conceito de ONG, pode-se dizer que hoje, no Brasil, as organizações não governamentais são compreendidas como *pessoas jurídicas sem fins lucrativos, não constituídas pelo Estado, que exercem atividade de relevância social.*

→ Aplicação em concurso:

- *Juiz Federal – 4ª Região (2012)*

  As organizações internacionais diferenciam-se das organizações não governamentais, porque estas, em geral, são regidas em sua constituição pelo direito interno do país, ou dos países, em que estão constituídas e registradas e têm suas sedes legais.

Resposta: a afirmação está correta

Das pessoas jurídicas de direito privado previstas no art. 44 do Código Civil, podem assumir a feição de ONG as **associações** (inciso I), as **fundações** (inciso III) e as organizações religiosas (inciso IV, Incluído pela Lei n. 10.825/2003). Dessas três figuras, a última (por isso que não destacada em negrito), não pode, por vedação legal, receber a qualificação jurídica de OS ou de OSCIP, como será demonstrado em momento oportuno.

Dentre as *atividades de relevância social* exercidas pelas assim chamadas ONGs, destacam-se, (primeiro) a *atuação no campo de políticas públicas* – por exemplo, saúde e educação – e (segundo) a *atividade de pressão política em favor de minorias*. Passou-se a utilizar, para esse tipo de atuação, a expressão "terceiro setor" (o "primeiro setor" seria o governo; o "segundo", a iniciativa privada propriamente dita; o "terceiro setor", assim, estaria colocado em posição intermediária entre um e a outra, assumindo algumas das funções daquele, mas estabelecendo relação jurídica na forma do regime jurídico a que submetida esta).[19]

A primeira das atividades antes relacionadas (*atuação no campo de políticas públicas*) demonstra haver clara identidade entre o campo de atividade das ONGs e o do Estado. Essa constatação, aliada à concepção contemporânea de atividade administrativa (objeto das sintéticas considerações contidas no tópico anterior), demonstra um ambiente favorável, *política* e *sociologicamente*, para que se estabeleça um regime de colaboração entre o Estado e as ONGs. Esse ambiente *político* e *sociológico* favorável precisa apenas, para ser adequadamente implementado, de *instrumental jurídico*. E o instrumental jurídico desse regime de colaboração foi estabelecido exatamente com as Leis 9.637/98 (LOS) e 9.790/99 (LOSCIP), aplaudidas por uns e criticadas por outros.

Como já visto, apontam o crescimento do "terceiro setor" como materialização do *princípio da subsidiariedade*. Segundo esse princípio, o monopólio de determinada atividade pelo Estado deve estar relacionado com a inviabilidade ou com a inconveniência do desempenho dessa mesma ativi-

19. JUSTEN FILHO, Marçal. *Curso de Direito Administrativo, cit.*, pp. 253-4.

dade pela sociedade ou pela iniciativa privada.[20] Estando a sociedade civil estruturada para, satisfatoriamente, atender aos direitos fundamentais, a atuação do Estado há de levar isso em conta, passando a verificar-se, assim, atividade de *fomento* e *cooperação* estatal em relação ao "terceiro setor" – e, gradativamente, não mais a prestação exclusiva do serviço pelo aparato do Estado.

→ **Aplicação em concurso.**

- *Juiz Federal – 2ª Região (2011)*
  "A doutrina aponta o crescimento do terceiro setor como uma das consequências da aplicação do denominado princípio da subsidiariedade no âmbito da administração pública."
  Resposta: A alternativa está correta.

Na verdade, o que se procurou demonstrar nas linhas anteriores foi exatamente o substrato social em que as ideias de OS e OSCIP surgem. Diga-se, a esse respeito, que essas figuras jurídicas permitem, se utilizadas dentro da finalidade legal (e, antes, de acordo com os princípios constitucionais da Administração Pública – art. 37, *caput*, da CRFB), importante colaboração à atividade administrativa do Estado, em especial no que diz respeito à execução de políticas públicas.

Não se deve considerar, portanto, apenas em razão da potencialidade de sua *utilização patológica*, que as figuras jurídicas ora consideradas sejam despidas de importância – ou que tenham sido concebidas apenas para permitir desvios e desmandos (o que, de todo modo, é cada vez mais difícil de se imaginar neste País...). Assim, se utilizadas de acordo com os princípios constitucionais e com a finalidade para a qual foram legalmente concebidas, as OSs e as OSCIPs podem representar importante colaboração ao Estado na execução de políticas públicas.

Feita essa análise crítica, é importante retomar a seguinte ideia; ***ONG** não é uma qualificação jurídica, é um **conceito sociológico**. **OS e OSCIP**, por sua vez, são **qualificações jurídicas***. Em suma, preenchidos determinados requisitos legais (e, no que diz respeito às OSs, havendo vontade política para tanto), uma ONG pode receber a qualificação de OS ou de OSCIP.

---

20. JUSTEN FILHO, Marçal. *Curso de Direito Administrativo, cit.*, pp. 41-2 e 816.

Assim, pode-se afirmar que *toda OS ou OSCIP é uma ONG, mas nem toda ONG é uma OS ou OSCIP.*

Tendo a ONG recebido a qualificação jurídica de OS ou OSCIP, passa a atrair a incidência de regime jurídico próprio, cujos caracteres são apresentados, de forma sintética e comparativa, no tópico seguinte (e, após, de forma analítica, nos comentários aos artigos da legislação sob estudo).

4. Caracteres básicos das OSs e das OSCIPs. Análise comparativa:

4.1. Vedação às organizações religiosas:

Já se mencionou que nem toda ONG é uma OS ou uma OSCIP. Na verdade, algumas ONGs sequer podem receber essa qualificação. Trata-se das *organizações religiosas* (art. 44, IV, do Código Civil). A vedação é encontrada nos arts. 2º, III, da LOSCIP, e está implícita na LOS (art. 1º). Essa vedação, seja em relação às OSCIPs, seja em relação às OSs, é mera materialização do *caráter laico* do Estado brasileiro.

Portanto, somente podem receber a qualificação de OS ou de OSCIP as **associações** e as **fundações.**

4.2. OS e OSCIP não são *novas espécies* de pessoas jurídicas:

A propósito, é interessante notar que OS e OSCIP, embora sejam qualificações jurídicas específicas, não designam tipos de pessoas jurídicas de direito privado diferentes daquelas já previstas no art. 44 do Código Civil. Ou seja, **OS e OSCIP não são novas espécies de pessoa jurídica**. *A pessoa jurídica continua sendo uma associação ou uma fundação, apenas que recebendo uma qualificação específica* com a atração de um regime jurídico potencialmente diferenciado.

4.3. Objeto:

Quanto ao objeto, as **OSs têm objeto bem mais restrito**, por expressa previsão legal, que as OSCIPs. Apenas podem ser qualificadas como OS pessoas jurídicas que se destinem às atividades de "ensino, pesquisa científica, desenvolvimento tecnológico, proteção e preservação do meio ambiente, cultura e saúde". Já as **OSCIPs** podem desenvolver qualquer uma das atividades descritas ao longo dos 13 incisos do art. 3º da LOSCIP, tendo **caráter muito mais abrangente**, portanto.

4.4. Instrumentos de veiculação da qualificação jurídica. *Decreto do Presidente da República* (OS) ou *portaria do Ministro da Justiça* (OSCIP):

Preenchidos os requisitos legais, a pessoa jurídica de direito privado sem fins lucrativos recebe a qualificação de OS ou OSCIP. A qualificação de OS é dada pelo "Poder Executivo" (art. 1º da LOS), ao passo que a qualificação de OSCIP, pelo Ministério da Justiça (art. 7º da LOSCIP). Entende-se que a qualificação de OS pelo "Poder Executivo" é atribuição do Chefe deste. Logo, a qualificação de determinada entidade como **OS** é dada por meio de **decreto** do Presidente da República. Já a qualificação como **OSCIP**, por **portaria** do Ministro da Justiça.

Veículo da qualificação jurídica	
OS	**OSCIP**
Decreto do Presidente da República	Portaria do Ministro da Justiça

4.5. *Contrato de gestão* (OS) e *Termo de Parceria* (OSCIP):

Outra diferença está em que a LOS prevê que as entidades assim qualificadas firmem com o Poder Executivo **contrato de gestão** (a doutrina entende que se trata de verdadeiro requisito para a configuração de uma OS – de celebração obrigatória, portanto).

Mas, cuidado: embora tenha o *mesmo nome*, **não se pode confundir o "contrato de gestão" previsto na LOS com aquele por meio do qual uma autarquia ou fundação federal é qualificada como "agência executiva"** (art. 37, § 8º, da CRFB e Lei 9.648/98).

Instrumento similar ao contrato de gestão é previsto pela LOSCIP, porém com a expressão **termo de parceria**, de celebração *facultativa*. Enquanto o contrato de gestão, como mencionado, é *obrigatório* para as OSs, o termo de parceria a ser firmado com o Poder Executivo pelas OSCIPs é apenas *facultado* pela lei.

4.6. Regime de colaboração. Recursos financeiros, humanos e materiais:

No regime de colaboração previsto para as OSs, existe a possibilidade de que estas recebam *bens públicos*, *recursos públicos*, e contem com o auxílio de *servidores públicos*. Em outras palavras, a Administração Pública, **uma vez celebrado o contrato de gestão**, disponibilizará às OSs *recursos* ***humanos, materiais*** *e/ou* ***financeiros.***

Nesse ponto é que a LOS recebe suas mais severas críticas, em especial em razão da ausência de licitação para a concessão de serviços públicos[21] (críticas que se mostram totalmente pertinentes em face da *utilização patológica* das OSs, em especial no que respeita à extinção de órgãos ou pessoas administrativas e o transpasse de sua atividade a uma OS, criada "sob encomenda" para tanto).

Já a LOSCIP subentende apenas a possibilidade de repasse financeiro da Administração Pública às OSCIPs que com aquela firmem o **termo de parceria.** Faculta, ainda, outras espécies de vantagens, inclusive de natureza fiscal. Por não contemplar de forma expressa a disponibilização de recursos materiais e humanos, há autores que entendem ser vedada essa possibilidade.[22] Na 1ª edição deste livro, afirmou-se ser possível, *a despeito da ausência de previsão legal expressa,* também a disponibilização de recursos humanos (servidores públicos) e materiais (bens públicos) as OSCIPs com as quais a Administração Pública celebre termo de parceria. Melhor refletindo sobre o tema, até mesmo em razão do princípio da legalidade estrita, vigorante no Direito Administrativo (a Administração Pública somente pode fazer o que é permitido ou ordenado pela lei), aquela posição é ora objeto de **retificação**.

Com efeito, se a LOSCIP apenas subentende, como afirmado, a possibilidade de repasse financeiro, então apenas esta deve ser compreendida como possível. Não há como ir além, sob pena de violação ao princípio da legalidade.

De maneira que, por ser esta a única possibilidade legal, uma vez firmado o termo de parceria, à OSCIP a Administração Pública apenas pode destinar recursos financeiros devidamente contemplados em previsão orçamentária (e não, portanto, bens ou servidores públicos).

4.7. Discricionariedade *versus* vinculação da qualificação:

Importante distinção ainda a ser feita é que a atribuição da qualificação **OS** é **ato discricionário**, ao passo que a designação de uma pessoa jurídica como **OSCIP** é **atividade vinculada**. Ou seja, *preenchidos os requisitos legais, é imperativa a qualificação de uma pessoa jurídica como OSCIP,*

---

21. MELLO, Celso Antônio Bandeira de. *Curso de Direito Administrativo, cit.*, pp. 238-41.
22. MELLO, Celso Antônio Bandeira de. *Curso de Direito Administrativo, cit.*, p. 242.

enquanto a concessão da qualificação de OS é faculdade do Poder Executivo federal.

Liberdade da Administração quanto à qualificação	
OS	**OSCIP**
Discricionariedade (juízo de conveniência oportunidade)	*Vinculação* (simples verificação dos requisitos legais)

Essa questão da discricionariedade (**OS**) *versus* vinculação (**OSCIP**) da qualificação, aliada à obrigatoriedade do contrato de gestão (**OS**) e à facultatividade do termo de parceria (**OSCIP)** desperta a seguinte constatação: *o Governo federal apenas qualificará como OS aquelas pessoas jurídicas de direito privado com as quais estabelecerá (por haver uma decisão política prévia), efetivamente, um regime de colaboração (pelo contrato de gestão); já a qualificação de OSCIP se apresenta, antes, como simples reconhecimento da relevância social da ONG*, podendo ser, eventualmente (mediante decisão política, obviamente), estabelecido regime efetivo de colaboração com a Administração Pública federal (por meio do termo de parceria).

4.8. Participação da Administração Pública no conselho de administração:

Por fim, registra-se que a LOS determina que *a Administração Pública tenha participação no conselho de administração das OSs* – o que, em razão da indesejada interferência do Estado sobre uma pessoa jurídica de direito privado e da possibilidade de configuração de desvio de finalidade disso decorrente, torna a LOS, no ponto, passível de fundadas críticas. Já *a LOSCIP não apresenta previsão similar* (conquanto *faculte* que servidores públicos integrem o conselho de administração da OSCIP).

Participação da Administração Pública no conselho de administração	
OS	**OSCIP**
Obrigatória	*Facultativa*

4.9 Licitação:

O *regime licitatório não se aplica às OSs*. Primeiramente, o art. 24, XXIV, da Lei 8.666/93, incluído pela Lei 9.648/98, trata como hipótese de *dispensa de licitação* "a celebração de contratos de prestação de serviços com as organizações sociais, qualificadas no âmbito das respectivas esferas de governo, para atividades contempladas no contrato de gestão". Assim, *não se exige, pelo modelo legal federal, a licitação para a contratação entre a Administração Pública e a OS, desde que a prestação de serviços esteja circunscrita às atividades contempladas no contrato de gestão.*

Da mesma forma, no estabelecimento de suas relações jurídicas com terceiros, na medida em que as OSs são pessoas jurídicas de direito privado (e, portanto, submetidas ao regime de direito privado), igualmente não estão, as entidades objeto da LOS, sujeitas à necessidade de licitação.[23]

No que diz respeito às OSCIPs (que não estão expressamente contempladas no art. 24, XXIV, da Lei 8.666/93), a disciplina dada pelos arts. 9º a 15 da LOSCIP nada prevê acerca da necessidade de licitação.

O tema é objeto dos arts. 9º, 23 e 31-B do Decreto 3.100/99, adiante considerados com o vagar necessário. Por ora, basta mencionar que esses dispositivos disciplinam a celebração do termo de parceria estabelecendo um prazo de **carência de três anos** (apenas após três anos de exercício, pela OSCIP, das atividades objeto do termo de parceria) e mediante a realização de **concurso de projetos** (que, de todo modo, não tem natureza de licitação propriamente) – exigência que é mitigada, contudo, se o termo de parceria se der para a cooperação no contexto do serviço público de saúde.

Para as OSs, os artigos 8º a 12 do Decreto 9.190/2017 preveem um processo de "seleção da entidade" que será qualificada como OS e celebrará contrato de gestão com o Poder Público federal. Note-se, no entanto, que esse processo também não se confunde nem com uma licitação, nem com o "concurso de projetos" regulamentado pelo Decreto 3.100/99 para as OSCIPS.

No que diz respeito às suas relações com terceiros, também por ser pessoa jurídica de direito privado, a OSCIP, semelhantemente à OS, não está sujeita ao regime licitatório.[24]

4.10. Esquema comparativo – resumo:

Aproveita-se para retomar a matéria no seguinte esquema comparativo:

---

23. Embora o Decreto 5.504/2005 tenha estabelecido que até mesmo as OSs e OSCIPs deveriam ser submetidas à licitação na modalidade de pregão, essa previsão foi considerada inconstitucional pelo TCU e, recentemente, foi revogada pelo Decreto 9.190/2017.

24 Leia a nota de rodapé 23.

Característica	OS	OSCIP
Previsão de vedação da qualificação às organizações religiosas	Implícita	Expressa
Objeto	Mais restrito	Mais amplo
Atividade de qualificação	Discricionária	Vinculada
Veículo de qualificação	Decreto do Presidente da República	Portaria do Ministro da Justiça
Instrumento jurídico de colaboração	Contrato de gestão (obrigatório)	Termo de parceria (facultativo)
Recebimento de recursos públicos, financeiros, materiais *e/ou* humanos	Previsão expressa	Implícito
Participação do Estado no conselho de administração	Obrigatória	Facultativa
Necessidade de licitação para estabelecimento de vínculo com a Administração Pública	Afastada pelo art. 24, XXIV, da Lei 8.666/93. O Decreto 9.190/2017 prevê apenas um processo de "seleção da entidade" que será qualificada como OS	Afastada: o Decreto 3.100/99 sujeita a celebração do termo de parceria, como regra geral, a prévio "concurso de projetos", sem natureza de licitação, propriamente

5. Impugnação à constitucionalidade da LOS (ADI 1923):

Foram mencionadas de passagem, nos tópicos anteriores, as principais críticas endereçadas à LOS, dentre as quais desponta a possibilidade de que o Poder Público, por intermédio de OS, celebre contratos sem a necessidade de licitação. Severas críticas à LOS, por exemplo, são formuladas pelo Prof. Celso Antônio Bandeira de Mello, que, em razão da evidenciada burla à licitação, qualifica como inconstitucional o diploma normativo.[25]

Na verdade, **a LOS teve todo o seu conteúdo impugnado como inconstitucional** por meio de ação direta proposta, em 1º de dezembro de 1998, pelo Partido dos Trabalhadores (PT) e pelo Partido Democrático Trabalhista (PDT). Trata-se da **ADI 1923**. Na mesma ação, pediu-se ao Supremo Tri-

25. MELLO, Celso Antônio. *Curso de Direito Administrativo, cit.*, pp. 235-41 e 1049-63.

bunal, ainda, o reconhecimento de inconstitucionalidade do art. 22, XXIV, da Lei n. 8.666/93, com redação dada pela Lei n. 9.649/98. Reforça-se que esse último dispositivo **autoriza a Administração Pública federal a celebrar contratos com as OS sem a realização de licitação.**

5.1. Julgamento da ADI 1923:

Inicialmente, deve-se destacar que **a medida cautelar postulada na ADI 1923 foi indeferida, por maioria, pelo Plenário do Supremo Tribunal Federal.** Isso significa dizer que, embora postulada pelos autores da ação direta de inconstitucionalidade em questão, *não houve a suspensão liminar dos efeitos da LOS pelo Supremo*. A notícia acerca desse indeferimento foi publicada no dia **1º de agosto de 2007**, no site do STF.

Quase oito anos depois, o STF julgou o mérito da ação, e a ementa do julgamento tem o seguinte teor:

> AÇÃO DIRETA DE INCONSTITUCIONALIDADE. CONSTITUCIONAL. ADMINISTRATIVO. TERCEIRO SETOR. MARCO LEGAL DAS ORGANIZAÇÕES SOCIAIS. LEI Nº 9.637/98 E NOVA REDAÇÃO, CONFERIDA PELA LEI Nº 9.648/98, AO ART. 24, XXIV, DA LEI Nº 8.666/93. MOLDURA CONSTITUCIONAL DA INTERVENÇÃO DO ESTADO NO DOMÍNIO ECONÔMICO E SOCIAL. SERVIÇOS PÚBLICOS SOCIAIS. SAÚDE (ART. 199, CAPUT), EDUCAÇÃO (ART. 209, CAPUT), CULTURA (ART. 215), DESPORTO E LAZER (ART. 217), CIÊNCIA E TECNOLOGIA (ART. 218) E MEIO AMBIENTE (ART. 225). ATIVIDADES CUJA TITULARIDADE É COMPARTILHADA ENTRE O PODER PÚBLICO E A SOCIEDADE. DISCIPLINA DE INSTRUMENTO DE COLABORAÇÃO PÚBLICO-PRIVADA. INTERVENÇÃO INDIRETA. ATIVIDADE DE FOMENTO PÚBLICO. INEXISTÊNCIA DE RENÚNCIA AOS DEVERES ESTATAIS DE AGIR. MARGEM DE CONFORMAÇÃO CONSTITUCIONALMENTE ATRIBUÍDA AOS AGENTES POLÍTICOS DEMOCRATICAMENTE ELEITOS. PRINCÍPIOS DA CONSENSUALIDADE E DA PARTICIPAÇÃO. INEXISTÊNCIA DE VIOLAÇÃO AO ART. 175, CAPUT, DA CONSTITUIÇÃO. EXTINÇÃO PONTUAL DE ENTIDADES PÚBLICAS QUE APENAS CONCRETIZA O NOVO MODELO. INDIFERENÇA DO FATOR TEMPORAL. INEXISTÊNCIA DE VIOLAÇÃO AO DEVER CONSTITUCIONAL DE LICITAÇÃO (CF, ART. 37, XXI). PROCEDIMENTO DE QUALIFICAÇÃO QUE CONFIGURA HIPÓTESE DE CREDENCIAMENTO. COMPETÊNCIA DISCRICIONÁRIA QUE DEVE SER SUBMETIDA AOS PRINCÍPIOS CONSTITUCIONAIS DA PUBLICIDADE, MORALIDADE, EFICIÊNCIA E IMPESSOALIDADE, À LUZ DE CRITÉRIOS OBJETIVOS (CF, ART. 37, CAPUT). INEXISTÊNCIA DE PERMISSIVO À ARBITRARIEDADE. CONTRATO DE GESTÃO. NATUREZA DE CONVÊNIO. CELEBRAÇÃO NECESSARIAMENTE SUBMETIDA A PROCEDIMENTO OBJETIVO E IMPESSOAL. CONSTITUCIONALIDADE DA DISPENSA DE LICITAÇÃO INSTITUÍDA PELA NOVA REDA-

ÇÃO DO ART. 24, XXIV, DA LEI DE LICITAÇÕES E PELO ART. 12, § 3º, DA LEI Nº 9.637/98. FUNÇÃO REGULATÓRIA DA LICITAÇÃO. OBSERVÂNCIA DOS PRINCÍPIOS DA IMPESSOALIDADE, DA PUBLICIDADE, DA EFICIÊNCIA E DA MOTIVAÇÃO. IMPOSSIBILIDADE DE EXIGÊNCIA DE LICITAÇÃO PARA OS CONTRATOS CELEBRADOS PELAS ORGANIZAÇÕES SOCIAIS COM TERCEIROS. OBSERVÂNCIA DO NÚCLEO ESSENCIAL DOS PRINCÍPIOS DA ADMINISTRAÇÃO PÚBLICA (CF, ART. 37, CAPUT). REGULAMENTO PRÓPRIO PARA CONTRATAÇÕES. INEXISTÊNCIA DE DEVER DE REALIZAÇÃO DE CONCURSO PÚBLICO PARA CONTRATAÇÃO DE EMPREGADOS. INCIDÊNCIA DO PRINCÍPIO CONSTITUCIONAL DA IMPESSOALIDADE, ATRAVÉS DE PROCEDIMENTO OBJETIVO. AUSÊNCIA DE VIOLAÇÃO AOS DIREITOS CONSTITUCIONAIS DOS SERVIDORES PÚBLICOS CEDIDOS. PRESERVAÇÃO DO REGIME REMUNERATÓRIO DA ORIGEM. AUSÊNCIA DE SUBMISSÃO AO PRINCÍPIO DA LEGALIDADE PARA O PAGAMENTO DE VERBAS, POR ENTIDADE PRIVADA, A SERVIDORES. INTERPRETAÇÃO DOS ARTS. 37, X, E 169, § 1º, DA CONSTITUIÇÃO. CONTROLES PELO TRIBUNAL DE CONTAS DA UNIÃO E PELO MINISTÉRIO PÚBLICO. PRESERVAÇÃO DO ÂMBITO CONSTITUCIONALMENTE DEFINIDO PARA O EXERCÍCIO DO CONTROLE EXTERNO (CF, ARTS. 70, 71, 74 E 127 E SEGUINTES). INTERFERÊNCIA ESTATAL EM ASSOCIAÇÕES E FUNDAÇÕES PRIVADAS (CF, ART. 5º, XVII E XVIII). CONDICIONAMENTO À ADESÃO VOLUNTÁRIA DA ENTIDADE PRIVADA. INEXISTÊNCIA DE OFENSA À CONSTITUIÇÃO. AÇÃO DIRETA JULGADA PARCIALMENTE PROCEDENTE PARA CONFERIR INTERPRETAÇÃO CONFORME AOS DIPLOMAS IMPUGNADOS. 1. A atuação da Corte Constitucional não pode traduzir forma de engessamento e de cristalização de um determinado modelo pré-concebido de Estado, impedindo que, nos limites constitucionalmente assegurados, as maiorias políticas prevalecentes no jogo democrático pluralista possam pôr em prática seus projetos de governo, moldando o perfil e o instrumental do poder público conforme a vontade coletiva. 2. Os setores de saúde (CF, art. 199, caput), educação (CF, art. 209, caput), cultura (CF, art. 215), desporto e lazer (CF, art. 217), ciência e tecnologia (CF, art. 218) e meio ambiente (CF, art. 225) configuram serviços públicos sociais, em relação aos quais a Constituição, ao mencionar que "são deveres do Estado e da Sociedade" e que são "livres à iniciativa privada", permite a atuação, por direito próprio, dos particulares, sem que para tanto seja necessária a delegação pelo poder público, de forma que não incide, in casu, o art. 175, caput, da Constituição. 3. A atuação do poder público no domínio econômico e social pode ser viabilizada por intervenção direta ou indireta, disponibilizando utilidades materiais aos beneficiários, no primeiro caso, ou fazendo uso, no segundo caso, de seu instrumental jurídico para induzir que os particulares executem atividades de interesses públicos através da regulação, com coercitividade, ou através do fomento, pelo uso de incentivos e estímulos a comportamentos voluntários. 4. Em qualquer caso, o cumprimento efetivo dos deveres constitucionais de atuação estará, invariavelmente, submetido ao que a doutrina contemporânea denomina de controle da Administração Pública sob o ângulo do resultado (Diogo de Figueiredo Moreira Neto). 5. O marco legal das Organizações Sociais inclina-se para a atividade de fomento público no domínio dos serviços sociais, entendida tal atividade como a disciplina não coercitiva da conduta dos particulares, cujo desempenho em atividades de interesse público é estimulado por sanções premiais, em observância aos princípios da consensualidade e da participação na Administração Pública. 6. A finalidade de fomento, in casu, é posta em prática pela cessão de recursos, bens e pessoal da Administração Pública para as entidades privadas, após a celebração de contrato de gestão, o que viabilizará o direcionamento, pelo Poder Público, da atuação do particular em consonância com o interesse público, através da inserção de metas e de resultados a serem alcançados, sem que isso configure qualquer forma de renúncia aos deveres constitucionais de atuação. 7. Na essência, preside a execução deste programa de ação institucional a lógica que prevaleceu no jogo democrático, de que a atuação privada pode ser mais eficiente do que a pública em determinados domínios, dada a agilidade e a flexibilidade que marcam o regime de direito privado. 8. Os arts. 18 a 22 da Lei nº 9.637/98 apenas concentram a decisão política, que poderia ser validamente feita no futuro, de afastar a atuação de entidades públicas através da intervenção direta para privilegiar a escolha pela busca dos mesmos fins através da indução e do fomento de atores privados, razão pela qual a extinção das entidades mencionadas nos dispositivos não afronta a Constituição, dada a irrelevância do fator tempo na opção pelo modelo de fomento – se simultaneamente ou após a edição da Lei. 9. O procedimento de qualificação de entidades, na sistemática da Lei, consiste em etapa inicial e embrionária, pelo deferimento do título jurídico de "organização social", para que Poder Público e particular colaborem na realização de um interesse comum, não se fazendo presente a contraposição de interesses, com feição comutativa e com intuito lucrativo, que consiste no núcleo conceitual da figura do contrato administrativo, o que torna inaplicável o dever constitucional de licitar (CF, art. 37, XXI). 10. A atribuição de título jurídico de legitimação da entidade através da qualificação configura hipótese de credenciamento, no qual não incide a licitação pela própria natureza jurídica do ato, que não é contrato, e pela inexistência de qualquer competição, já que todos os interessados podem alcançar o mesmo objetivo, de modo includente, e não excludente. 11. A previsão de competência discricionária no art. 2º, II, da Lei nº 9.637/98 no que pertine à qualificação tem de ser interpretada sob o influxo da principiologia constitucional, em especial dos princípios da impessoalidade, moralidade, publicidade e eficiência (CF, art. 37, caput). É de se ter por vedada, assim, qualquer forma de arbitrariedade, de modo que o indeferimento do requerimento de qualificação, além de pautado pela publicidade, transparência e motivação, deve observar critérios objetivos fixados em ato regulamentar expedido em obediência ao art. 20 da Lei nº 9.637/98, concretizando de forma homogênea as diretrizes contidas nos inc. I a III do dispositivo. 12. A figura do contrato de gestão configura hipótese de convênio, por consubstanciar a conjugação de esforços com plena harmonia entre as posições subjetivas, que buscam um negócio verdadeiramente associativo, e não comutativo, para o atingimento de um objetivo comum aos interessados: a realização de serviços de saúde, educação, cultura, desporto e lazer, meio ambiente e ciência e tecnologia, razão pela qual se encontram fora do âmbito de incidência do art. 37, XXI, da CF. 13. Diante, porém, de um cenário de escassez de bens, recursos e servidores públicos, no qual o contrato de gestão firmado com uma entidade privada termina por excluir, por consequência, a mesma pretensão veiculada pelos demais particulares em idêntica situação, todos almejando a posição subjetiva de parceiro privado, impõe-se que o Poder Público conduza a celebração do contrato de gestão por um procedimento público impessoal e pautado por critérios objetivos, por força da incidência direta dos princípios constitucionais da impessoalidade, da publicidade e da eficiência na Administração Pública (CF, art. 37, *caput*). 14. As dispensas de licitação instituídas no art. 24, XXIV, da Lei nº 8.666/93 e no art. 12, § 3º, da Lei nº 9.637/98 têm a finalidade que a doutrina contemporânea denomina de função regulatória da licitação, através da qual a licitação passa a ser também vista como mecanismo de indução de determinadas práticas sociais benéficas, fomentando a atuação de organizações sociais que já ostentem, à época da contratação, o título de qualificação, e que por isso sejam reconhecidamente colaboradoras do Poder Público no desempenho dos deveres constitucionais no campo dos serviços sociais. O afastamento do certame licitatório não exime, porém, o administrador público da observância dos princípios constitucionais, de modo que a contratação direta deve observar critérios objetivos e impessoais, com publicidade de forma a permitir o acesso a todos os interessados. 15. As organizações sociais, por integrarem o Terceiro Setor, não fazem parte do conceito constitucional de Administração Pública, razão pela qual não se submetem, em suas contratações com terceiros, ao dever de licitar, o que consistiria em quebra da lógica de flexibilidade do setor privado, finalidade por detrás de todo o marco regulatório instituído pela Lei. Por receberem recursos públicos, bens públicos e servidores públicos, porém, seu regime jurídico tem de ser minimamente informado pela incidência do núcleo essencial dos princípios da Administração Pública (CF, art. 37, caput), dentre os quais se destaca o princípio da impessoalidade, de modo que suas contratações devem observar o disposto em regulamento próprio (Lei nº 9.637/98, art. 4º, VIII), fixando regras objetivas e impessoais para o dispêndio de recursos públicos. 16. Os empregados das Organizações Sociais não são servidores públicos, mas sim empregados privados, por isso que sua remuneração não deve ter base em lei (CF, art. 37, X), mas nos contratos de trabalho firmados consensualmente. Por identidade de razões, também não se aplica às Organizações Sociais a exigência de concurso público (CF, art. 37, II), mas a seleção de pessoal, da mesma forma como a contratação de obras e serviços, deve ser posta em prática através de um procedimento objetivo e impessoal. 17. Inexiste violação aos direitos dos servidores públicos cedidos às organizações sociais, na medida em que preservado o paradigma com o cargo de origem, sendo desnecessária a previsão em lei para que verbas de natureza privada sejam pagas pelas organizações sociais, sob pena de afronta à própria lógica de eficiência e de flexibilidade que inspiraram a criação do novo modelo. 18. O âmbito constitucionalmente definido para o controle a ser exercido pelo Tribunal de Contas da União (CF, arts. 70, 71 e 74) e pelo Ministério Público (CF, arts. 127 e seguintes) não é de qualquer forma restringido pelo art. 4º, *caput*, da Lei nº 9.637/98, porquanto dirigido à estruturação interna da organização social, e pelo art. 10 do mesmo diploma, na medida em que trata apenas do dever de representação dos responsáveis pela fiscalização, sem mitigar a atuação de ofício dos órgãos constitucionais. 19. A previsão de percentual de representantes do poder público no Conselho de Administração das organizações sociais não encerra violação ao art. 5º, XVII e XVIII, da Constituição Federal, uma vez que dependente, para concretizar-se, de adesão voluntária das entidades privadas às regras do marco legal do Terceiro Setor. 20. Ação direta de inconstitucionalidade cujo pedido é julgado parcialmente procedente, para conferir interpretação conforme à Constituição à Lei nº 9.637/98 e ao art. 24, XXIV, da Lei nº 8666/93, incluído pela Lei nº 9.648/98, para que: (i) o procedimento de qualificação seja conduzido de forma pública, objetiva e impessoal, com observância dos princípios do caput do art. 37 da CF, e de acordo com parâmetros fixados em abstrato segundo o que prega o art. 20 da Lei nº 9.637/98; (ii) a celebração do contrato de gestão seja conduzida de forma pública, objetiva e impessoal, com observância dos princípios do caput do art. 37 da CF; (iii) as hipóteses de dispensa de licitação para contratações (Lei nº 8.666/93, art. 24, XXIV) e outorga de permissão de uso de bem público (Lei nº 9.637/98, art. 12, § 3º) sejam conduzidas de forma pública, objetiva e impessoal, com observância dos princípios do caput do art. 37 da CF; (iv) os contratos a serem celebrados pela Organização Social com terceiros, com recursos públicos, sejam conduzidos de

> forma pública, objetiva e impessoal, com observância dos princípios do caput do art. 37 da CF, e nos termos do regulamento próprio a ser editado por cada entidade; (v) a seleção de pessoal pelas Organizações Sociais seja conduzida de forma pública, objetiva e impessoal, com observância dos princípios do caput do art. 37 da CF, e nos termos do regulamento próprio a ser editado por cada entidade; e (vi) para afastar qualquer interpretação que restrinja o controle, pelo Ministério Público e pelo TCU, da aplicação de verbas públicas. (ADI 1923, Relator(a): Min. AYRES BRITTO, Relator(a) p/ Acórdão: Min. LUIZ FUX, Tribunal Pleno, julgado em 16/04/2015, ACÓRDÃO ELETRÔNICO DJe-254 DIVULG 16-12-2015 PUBLIC 17-12-2015)

Como se pode ver, ao apreciar a ADI 1923 o STF, em linhas gerais, considerou constitucional a LOS, *e apenas deu interpretação conforme a esse diploma legal e ao artigo 24, XXIV, da Lei 8.666/1993* (incluído pela Lei 9.648/1998), estabelecendo algumas balizas para o relacionamento do Poder Público com as OSs e para a própria atuação destas entidades, *reproduzindo um jargão* de que as coisas devem ser conduzidas "de forma pública, objetiva e impessoal", e afastou, ainda qualquer interpretação que restrinja o controle, pelo Ministério Público e pelo TCU, da aplicação de verbas públicas (essa última parcela da decisão, em verdade, é espécie de *declaração de nulidade parcial sem redução de texto*...).

De todo modo, analisando-se criticamente o julgado do STF, é possível perceber que a única parcela mais clara é aquela que reconhece expressamente a incidência do poder fiscalizatório do Ministério Público e do TCU sobre as OSs, na medida em que estas recebem dinheiro público. O restante da decisão, com o devido respeito, é de pouca ou nenhuma relevância prática, limitando-se a repetir um jargão politicamente correto no qual são empregadas normas abertas previstas na Constituição: é como se, ao julgar a ADI, o Supremo tivesse se limitado a determinar que fosse observada a Constituição...

Apesar do caráter vago do julgamento da ADI 1923, é extremamente conveniente para compreendermos melhor o panorama par trás das OSs e seu relacionamento com o poder público considerarmos, ao menos, de um lado, o teor do voto do Relator, o Ministro aposentado Ayres Britto (em razão, especialmente, de sua *relevância didática*) e, de outro, o voto do Ministro Luiz Fux, que acabou por enunciar a proposta que se sagrou vencedora no STF.

Em seu voto, o Min. Ayres Britto formulou distinção entre o que chamou de *serviços públicos passíveis de prestação não estatal* (mas *sempre pú-*

blicos, ainda que trespassados à iniciativa privada mediante concessão, permissão ou autorização), e *atividades de senhorio misto*. Essas *atividades de senhorio misto* são públicas se prestadas pelo Estado; se, contudo, forem prestadas pela iniciativa privada, não serão mais públicas propriamente, senão apenas ditas de **relevância pública.** A mesma distinção é encontrada no item **1** da Introdução deste Livro, sob a dicotomia *serviço público econômico* e *serviço público social*.

São exemplos dessas *atividades de senhorio misto* (ou serviços públicos sociais), de **relevância pública** quando prestadas por particulares, a **previdência**, a **saúde**, a **educação**, a **ciência** e a **tecnologia**.

Partindo dessa distinção, o Min. Ayres Britto entendeu que a LOS "estabeleceu um mecanismo pelo qual o Estado pode transferir para a iniciativa privada toda a prestação do serviço público de saúde, educação, meio ambiente, cultura, ciência e tecnologia." Estaria, de acordo com a interpretação que deu à legislação questionada, "a iniciativa privada, então, a substituir o poder público, e não simplesmente a complementar a performance estatal".

A suma da linha de raciocínio do Min. Ayres Britto é encontrada no seguinte trecho de seu voto:

"A verdadeira questão é de que ele, Estado, ficou autorizado a abdicar da prestação de serviços de que constitucionalmente não pode se demitir. Se retirar do Estado os serviços públicos, o que fica é outra coisa em qualidade que já não é o Estado".

Como se pode ver, o fundamento básico do voto apresentado pelo Min. Ayres Britto está em que **este considerou que a LOS permite à Administração Pública federal desonerar-se completamente da prestação de determinado serviço público**. Nessa perspectiva, parece não haver dúvidas que se estaria diante de uma inconstitucionalidade. Reforça-se ainda que o Min. Ayres Britto reputou inconstitucional o assim chamado "Programa Nacional de Publicização" previsto na LOS.

Com base nisso, o Relator "votou pela procedência parcial da ADI para declarar a inconstitucionalidade dos seguintes dispositivos da Lei 9637/98: a) a expressão 'quanto à conveniência e a oportunidade de sua qualificação como organização social', contida no inciso II, do artigo 2º; b) a expressão 'com recursos provenientes do contrato de gestão, ressalvada a hipótese de adicional relativo ao exercício de função temporária de direção e assessoria', contida no parágrafo 2º, do artigo 14; c) os artigos 18, 19, 20, 21 e 22".

Ainda, propôs interpretação conforme à Constituição dos arts. 5º, 6º e 7º, da LOS e do inciso XXIV, do artigo 24, da Lei 8.666/93, "para desses dispositivos afastar qualquer interpretação excludente da realização de um peculiar proceder competitivo público e objetivo para: a) a qualificação de entidade privada como organização social; b) a celebração do impropriamente chamado contrato de gestão"

Foi proposta, ainda, a *modulação dos efeitos da decisão de inconstitucionalidade* dos artigos 18 a 22 da LOS, em razão do longo lapso temporal em que os dispositivos permaneceram em vigor (relembrando-se que a liminar foi negada pelo Supremo), tendo havido a consolidação de diversas situações fático-jurídicas. "Nesse período, recordou Ayres Britto, várias entidades públicas federais, estaduais e municipais[26] foram extintas, 'repassando-se para organizações sociais a prestação das respectivas atividades'."

Em voto divergente que acabou prevalecendo no Plenário do Supremo, o Min. Luiz Fux, embora concordando (apenas que utilizando as expressões *serviços privativos* e *serviços não privativos*) com a distinção de que partiu o Min. Ayres Britto, **não considerou que da LOS pudesse decorrer a completa desoneração estatal de serviços públicos não privativos.**

Assim, sua solução à ADI ficou restrita à utilização da *técnica da interpretação conforme à Constituição*, da seguinte forma:

"O ministro disse que não elimina a figura das organizações sociais na condução de forma pública, objetiva e impessoal – com observância dos princípios constitucionais que regem a administração pública (artigo 37, caput) – em relação aos seguintes pontos: I) procedimento de qualificação das Organizações Sociais (de acordo também com os parâmetros fixados pelo artigo 20 da lei); II) celebração do contrato de gestão; III) hipóteses de dispensa de licitação para contratações e outorga de permissão de uso

26. Convém esclarecer, desde já, que "entidades públicas estaduais e municipais" extintas não o foram com base na LOS, mas sim a partir de legislação das próprias entidades federadas em que houve "reprodução" do modelo federal (veja-se, a propósito, o tópico **6**, abaixo). Na verdade, a invocação, feita pelo Min. Ayres Britto, da realidade estadual e municipal para a *modulação dos efeitos da* decisão de inconstitucionalidade, leva em conta, obviamente, a *transcendência dos motivos determinantes* da decisão em controle principal – em suma, que a "situação de inconstitucionalidade" reconhecida em relação à legislação federal também estaria presente nas esferas estadual e municipal, em Estados e Município que tenham adotado legislação semelhante à LOS federal.

público; IV) contratos a serem celebrados pelas organizações sociais com terceiros, fazendo uso de recursos públicos (nos termos também de regulamento próprio a ser editado por cada entidade); V) seleção de pessoal pelas Organizações Sociais (nos termos também de regulamento próprio a ser editado por cada entidade).

"Por fim, o ministro Luiz Fux afirmou que interpreta a Lei 9.637/98, conforme a Constituição, 'para afastar qualquer interpretação que restrinja o controle, pelo Ministério Público e pelo Tribunal de Contas da União, da aplicação de verbas públicas'."

Como se pode ver, em suma, o que propôs o Min. Luiz Fux foi que se **interpretasse a LOS em conformidade com os princípios constitucionais que regem a Administração Pública**, em especial a *impessoalidade*, adotando-se, assim, de forma mais ampla possível, a *objetividade* na aplicação da lei, *desde a qualificação da entidade até à formação de todas relações jurídicas que pela OS sejam travadas*. Importante ressalva, ainda, como já destacado, disse respeito **à exclusão de qualquer interpretação tendente a afastar a OS da submissão de controle, pelo MP ou pelo TCU, no que diz respeito à aplicação de verbas públicas.**

→ Aplicação em concurso.

- *Juiz Federal – 5ª Região (2009)*

  "No meio, entre as atividades exclusivas de Estado e a produção de bens e serviços para o mercado, temos hoje, dentro do Estado, uma série de atividades na área social e científica que não lhe são exclusivas, que não envolvem poder de Estado. Incluem-se nessa categoria as escolas, as universidades, os hospitais etc. Se o seu financiamento em grandes proporções é uma atividade exclusiva do Estado, sua execução definitivamente não o é. Pelo contrário, estas são atividades competitivas, que podem ser controladas não apenas pela administração pública gerencial, mas também e principalmente pelo controle social e pela constituição de quase-mercados. Nesses termos, não há razão para que essas atividades permaneçam dentro do Estado, sejam monopólio estatal. Mas também não se justifica que sejam privadas.

  "Luiz Carlos Bresser Pereira. *A Reforma do Estado dos anos 90: lógica e mecanismos de controle. In: Lua Nova – Revista de Cultura Política*, n.º 45, 1998, p. 49-95 (com adaptações).

  "Com relação à reforma do Estado brasileiro e ao tema abordado no texto acima, assinale a opção correta.

"**A**) No contexto da reforma do Estado referida no texto, publicização surge como sinônimo de privatização. Ambas partem da dicotomia entre o público e o privado e servem para caracterizar a alteração da forma de gestão pública em que se impõe a transferência de vários bens e atividades do Estado (ambiente público) para a propriedade privada (ambiente privado)."

Resposta: A alternativa está incorreta. Embora muitos afirmem que a "publicização" é uma espécie de "privatização mascarada", tecnicamente não se trata de sinônimos. A publicização é aplicável aos serviços públicos não privativos. A privatização se percebeu em relação aos serviços públicos privativos, como, por exemplo, a atividade de telecomunicação.

"**B**) A administração pública gerencial, ou nova administração pública, tem como uma de suas características principais a diminuição do papel da burocracia estatal, colocando em segundo plano o trabalho técnico na formulação e gestão das políticas públicas."

Resposta: A alternativa está incorreta.

"**C**) As leis que dispõem sobre a qualificação de entidades como organizações sociais e como OSCIPs são instrumentos importantes da reforma do Estado brasileiro realizada na segunda metade da década passada. Essas leis, contudo, não preveem formas de controle dessas entidades, que, apesar de caracterizarem-se como privadas, são fomentadas pelo poder público."

Resposta: A alternativa está incorreta. Há, sim, previsão de mecanismos de controle, objeto de comentários ao longo do texto.

"**D**) A administração pública gerencial deve dar ênfase na avaliação que tem como parâmetro os resultados obtidos, especialmente quando se trata da prestação de serviços sociais e científicos. Por essa razão, tanto a lei que trata das organizações sociais quanto a que trata das OSCIPs preveem que o instrumento firmado entre o poder público e as entidades qualificadas — contrato de gestão e termo de parceria, respectivamente — deve estipular as metas e os resultados a serem atingidos e os critérios objetivos de avaliação e desempenho."

Resposta: A alternativa está correta.

"**E**) O plenário do STF deferiu medida cautelar em ação direta de inconstitucionalidade para suspender a eficácia do dispositivo legal que diz ser dispensável a licitação para a celebração de contratos de prestação de serviços com as organizações sociais, qualificadas no âmbito das respectivas esferas de governo, para atividades contempladas no contrato de gestão."

Resposta: A alternativa está incorreta. Como visto, a medida cautelar na ADI 1923 foi indeferida.

6. OSs e OSCIPs nas esferas estadual, distrital e municipal:

A LOS e a LOSCIP são *leis federais* (e **não** *leis nacionais*). Isso quer dizer que se destinam a instituir regimes jurídicos a serem observados apenas em relação à **Administração Pública federal**, *não irradiando efeitos sobre os demais entes da Federação (Estados e Municípios).*

Exemplificativamente, o Código Tributário Nacional, embora seja uma lei ordinária federal (recepcionada pela Constituição de 1988 como lei complementar), contém normas de observância obrigatória, no exercício da competência tributária, para os Estados e Municípios, tratando-se, assim, de *lei nacional*. Da mesma forma, a Lei n. 8.666/93 (Lei Federal de Licitações e Contratos Administrativos), além de disciplinar o regime de contratações da União (e, nesse ponto, ser uma *lei federal*), estabelece normas gerais para os demais entes da federação (nessa parcela, portanto, configurando-se como *lei nacional*).

O que se quer deixar claro, de todo o modo, é que a **LOS e a LOSCIP não são leis nacionais**. Ou seja, não irradiam efeitos sobre os Estados e os Municípios, tendo sua incidência circunscrita à esfera da Administração Pública federal.

→ **Aplicação em concurso.**

- *Juiz de Direito – TJDFT (2014)*

  "Devido à competência exclusiva da União para legislar sobre normas gerais de contratação, será invalida lei distrital que regulamente, no âmbito do DF, a qualificação de organização social, dado o caráter nacional da Lei n.º 9.637/1998."

  Resposta: a alternativa está incorreta.

Entretanto, uma vez que Estados, Distrito Federal e Municípios têm competência para, no âmbito de sua estrutura e organização interna, observados os limites constitucionais, estabelecerem normas de Direito Administrativo, nada impede que editem leis que se destinem ao reconhecimento da *relevância social* de pessoas jurídicas de direito privado sem fins lucrativos e à viabilização de *regime de colaboração* destas com a Administração Pública (em suma, o objetivo legítimo por trás da LOS e da LOSCIP). Obviamente que deve ser observado, nesses casos, o âmbito de execução de políticas públicas constitucionalmente reservado ao ente federado que assim pretende fazer.

Nessas hipóteses, o que se tem percebido é a "cópia" do modelo federal, surgindo, assim, leis que, no âmbito de competência do ente federado, disciplinem "OSs" e/ou "OSCIPs" estaduais ou municipais. Esse dado consta, inclusive, da petição inicial da ADI 1923, da qual se extrai a informação de que, já em 1999, os Estados do Ceará, Pará, Rio de Janeiro, Tocantins, Minas Gerais, São Paulo e Bahia haviam aprovado legislação semelhante.

É importante reforçar, contudo, que a instituição de "OSs" e "OSCIPs" estaduais, distritais e municipais não decorre da sujeição de Estados, Distrito Federal e Municípios à LOS ou à LOSCIP. Por isso que *sequer precisam, aqueles entes, seguir na íntegra o modelo estabelecido na legislação federal*. Na verdade, *tampouco necessitariam reproduzir os termos "OS" e "OSCIP"*, de maneira que se Estados e Municípios quiserem por outro modo denominar as ONGs com atuação social relevante em relação às quais pretendam estabelecer regime de colaboração, podem, muito bem, assim fazer.

O que não pode haver, de qualquer sorte, é o desvirtuamento da utilização dessas figuras jurídicas. A propósito, o que se tem percebido é que alguns Estados e Municípios ou têm lançado mão de legislação própria exatamente com a finalidade assumida pelo "Programa Nacional de Publicização" previsto na LOS (a saber, a extinção de órgãos ou pessoas administrativas com a absorção de suas atividades por OS criada para essa finalidade específica), ou tem partido de um sistema de "cartas marcadas" para a celebração de contratos de gestão e termos de parceria. Ao assim fazerem, estão, como é intuitivo, sujeitando-se às mais severas críticas já apresentadas em face da União a propósito do modelo federal.

Lei das Organizações Sociais (LOS)
Lei n. 9.637, de 15 de maio de 1998
(Conversão da Medida Provisória nº 1.648-7, de 1998)

Dispõe sobre a qualificação de entidades como organizações sociais, a criação do Programa Nacional de Publicização, a extinção dos órgãos e entidades que menciona e a absorção de suas atividades por organizações sociais, e dá outras providências.

CAPÍTULO I
Das organizações sociais

Seção I
Da qualificação

Art. 1º O Poder Executivo poderá qualificar como organizações sociais pessoas jurídicas de direito privado, sem fins lucrativos, cujas atividades sejam dirigidas ao ensino, à pesquisa científica, ao desenvolvimento tecnológico, à proteção e preservação do meio ambiente, à cultura e à saúde, atendidos aos requisitos previstos nesta Lei.

1. Somente podem ser qualificadas como OSs as *pessoas jurídicas de direito privado sem fins lucrativos.* Ou seja, a entidade tem de ser criada por particulares, e não pelo próprio Poder Público – se bem que a previsão de participação de representantes do Poder Público no conselho de administração e a experiência verificada na prática (criação de OS com a finalidade específica de "absorver" determinado serviço a cargo de órgão público ou pessoa administrativa extinta) acabam por desnaturar a própria previsão.

→ **Aplicação em concurso.**

- *Juiz Federal – 4ª Região (2012)*
  "As organizações sociais integram a administração pública quando assumem a forma de autarquia de regime especial."
  Resposta: a alternativa está incorreta

- *Juiz Federal – 2ª Região (2011)*
  "As organizações sociais são instituídas por iniciativa do poder público para o desempenho de serviço público de natureza social."
  Resposta: A alternativa está incorreta.

- *Juiz Federal – 3ª Região (2011)*
  "As organizações sociais e as OSCIPs detêm personalidade jurídica de direito privado e não têm fins lucrativos."
  Resposta: A alternativa está correta.

2. Por serem pessoas jurídicas de direito privado, as **OSs** (o mesmo valendo, perceba-se, para OSCIPs) **não fazem jus às prerrogativas processuais inerentes à Fazenda Pública**, como os prazos em dobro (artigo 183 do novo CPC) e a execução de seus débitos por intermédio de precatório (art. 100 da CRFB).

▶ **Jurisprudência do Supremo Tribunal Federal:**

> "RECURSO – APLICABILIDADE ESTRITA DA PRERROGATIVA PROCESSUAL DO PRAZO RECURSAL EM DOBRO (CPC, ART. 188) – PARANAPREVIDÊNCIA – ENTIDADE PARAESTATAL (ENTE DE COOPERAÇÃO) – INAPLICABILIDADE DO BENEFÍCIO EXTRAORDINÁRIO DA AMPLIAÇÃO DO PRAZO RECURSAL – INTEMPESTIVIDADE – RECURSO NÃO CONHECIDO. – As empresas governamentais (sociedades de economia mista e empresas públicas) e os entes de cooperação (serviços sociais autônomos e **organizações sociais**) **qualificam-se como pessoas jurídicas de direito privado** e, nessa condição, **não dispõem dos benefícios processuais inerentes à Fazenda Pública** (União, Estados-membros, Distrito Federal, Municípios e respectivas autarquias), notadamente da prerrogativa excepcional da ampliação dos prazos recursais (CPC, art. 188). Precedentes." (AI 349477 AgR, Relator(a): Min. CELSO DE MELLO, Segunda Turma, julgado em 11/02/2003, DJ 28-02-2003 PP-00013 EMENT VOL-02100-04 PP-00697)

→ **Aplicação em concurso.**

- *Juiz Federal – 2ª Região (2013)*
  "Segundo o STF, as organizações sociais, como entes de cooperação, dispõem dos benefícios processuais inerentes à fazenda pública, tendo em vista a relevância da sua atividade, que visa o interesse público."
  Resposta: A afirmação está incorreta.

3. A qualificação de uma pessoa jurídica de direito privado como OS é *ato discricionário* (sujeito a juízo de conveniência e oportunidade) do Poder Executivo federal. É o que se entende da expressão "poderá qualificar". A expressão "atendidos os requisitos previstos nesta Lei", constante do final do artigo, não revela o exercício de competência vinculada; antes, apenas materializa o *princípio da legalidade*, dizendo pouco mais do que o óbvio.

4. A ausência de finalidade de lucro é requisito indispensável para que uma pessoa jurídica de direito privado seja qualificada como OS. Se objetivar lucro (e, portanto, configurar atividade empresarial), não há possibilidade de que a pessoa jurídica receba a qualificação.

Por isso é que se afirma que **apenas as ONGs podem ser qualificadas como OSs.** Mesmo assim, nem todas as ONGs podem receber esse qualificativo. Isso porque, seja em razão do *rol taxativo* das atividades contidas no art. 1º, seja em razão do caráter laico do Estado brasileiro, **organizações religiosas** (art. 44, IV, do Código Civil) **não podem ser qualificadas como OS.** Portanto, apenas **associações e fundações** (art. 44, I e III, do Código Civil) **podem ser qualificadas como OS.**

5. Para ser qualificada como OS, a ONG deve atuar nas áreas do *ensino, pesquisa científica, desenvolvimento tecnológico, proteção e preservação do meio ambiente, cultura e saúde*. **O rol é taxativo**, e, como visto, bem mais restrito do que o previsto na LOSCIP.

Trata-se de serviços públicos ditos *sociais*, ou seja, em relação aos quais há evidente interesse da sociedade e a atuação do Estado em caráter assistencial (ligados, portanto, à ideia de Estado Social Democrático de Direito, ou *Estado de Bem-Estar Social*).

Perceba-se que, seja pelo requisito da ausência de finalidade lucrativa, seja pela taxatividade do rol do art. 1º, **a exploração de serviços públicos ditos *econômicos*** (como, por exemplo, a atividade de telecomunicação) **é vedada no âmbito das OSs.**

6. Legislação relativa a OSs em âmbito estadual ou municipal pode estabelecer critérios diversos de qualificação, inclusive o caráter não taxativo do rol, como já decidiu o Tribunal Regional Federal da 5ª Região.

► **Jurisprudência do Tribunal Regional Federal da 5ª Região:**

> "ADMINISTRATIVO E CONSTITUCIONAL. ORGANIZAÇÃO SOCIAL. QUALIFICAÇÃO. DESNECESSIDADE DE EFETIVO EXERCÍCIO DAS ATIVIDADES FOMENTADAS PELA LEI ESTADUAL Nº. 5.217/03. (...) 1. **A Lei estadual não exige o efetivo exercício de uma das atividades fomentadas pela referida norma legal. 2. Inexiste nos autos qualquer referência à existência de outra organização social com objetivo de promover o desenvolvimento científico e tecnológico local, pelo que resta con-**

figurada a inviabilidade de licitação com o fito de escolher determinada organização social para firmar contrato de gestão. (...)" (AGVSEL 20050500016409401, Desembargador Federal Francisco Cavalcanti, TRF5 – Pleno, DJ – Data::26/08/2005 – Página::834 – Nº::165.)

7. Já se registrou, mas é importante reiterar: a qualificação de uma pessoa jurídica de direito privado como OS se dá por ato *infralegal* – ou seja, por **decreto** do Presidente da República.

→ **Aplicação em concurso.**

- *PGE/PE (2009)*

  "Organização social é a qualificação jurídica conferida a pessoa jurídica de direito privado, sem fins lucrativos, para desempenhar serviço público de natureza social. Referida qualificação somente pode ser outorgada e cancelada mediante lei."

  Resposta: A alternativa está incorreta.

Art. 2º São **requisitos específicos** para que as entidades privadas referidas no artigo anterior habilitem-se à qualificação como organização social:

I – comprovar o registro de seu ato constitutivo, **dispondo sobre:**

1. O *registro do ato constitutivo* da pessoa jurídica é *requisito geral decorrente do regime de Direito Privado* (art. 45 do Código Civil). A exigência do registro, propriamente, encontrada na LOS é, nessa perspectiva, inócua. Se a pessoa jurídica não fosse registrada, ela sequer teria, a teor do mencionado art. 45 do Código Civil, "existência legal".

2. Na verdade, o inciso I do art. 2º da LOS objetiva deixar claro que, do ato constitutivo da pessoa jurídica que será qualificada como OS (cujo registro já é obrigatório por exigência da lei civil, reitera-se), devem constar os **requisitos específicos** arrolados nas alíneas *a* a *i*. Por isso que foram destacados os termos "**dispondo sobre**", por ser essa a expressão que detém, no dispositivo legal, relevância jurídica.

a) **natureza social de seus objetivos** relativos à respectiva área de atuação;

b) **finalidade não lucrativa**, com a obrigatoriedade de investimento de seus excedentes financeiros no desenvolvimento das próprias atividades;

1. As alíneas *a* e *b*, como se percebe, apenas tratam da necessidade de expressa formalização, no ato constitutivo da pessoa jurídica qualificada como OS, da **natureza social de seus objetivos** e da **finalidade não lucrativa**. Relembra-se que a qualificação como OS (o mesmo valendo para a OSCIP) é destinada a ONGs que tenham destacada atuação social.

2. A "obrigatoriedade de investimento de seus excedentes financeiros no desenvolvimento das próprias atividades", prevista na parte final da alínea *b*, é apenas um mecanismo para evidenciar a ausência da finalidade lucrativa da pessoa jurídica. Em outras palavras, **há vedação legal expressa à distribuição de lucros ou dividendos.**

c) previsão expressa de a entidade ter, como órgãos de deliberação superior e de direção, um **conselho de administração** e uma **diretoria** definidos nos termos do estatuto, asseguradas àquele composição e atribuições normativas e de controle básicas previstas nesta Lei;

1.1. Conselho de administração: é o órgão responsável pela **tomada de decisões de caráter geral** e pela **fiscalização** das atividades da OS. Dele devem participar, como será visto adiante, **representantes do Poder Público** e **membros da comunidade**.

1.2. Diretoria: é o órgão responsável pela **atividade executiva da OS**. *Sua atuação é submetida à fiscalização do conselho de administração.*

2. O ato constitutivo (estatuto) da OS deve prever que seu **conselho de administração** tenha "atribuições normativas e de controle", atribuições estas **já previstas na LOS**. O que a parte final da alínea *c* quer, portanto, é que sejam repetidas no estatuto da OS estas atribuições, já existentes na LOS. Trata-se de mais uma *previsão expletiva e inócua*: se as atribuições básicas já estão previstas ao longo da lei, é desnecessário que haja uma previsão genérica determinando que se observem estas atribuições.

2.1. Atribuição normativa diz respeito à possibilidade de edição de normas gerais que disciplinem a atuação da OS, de *forma complementar* – isso é, **no espaço deixado, em primeiro lugar, pela LOS e, em segundo, pelo estatuto da entidade**.

2.2. Atribuição de controle diz respeito à *fiscalização das atividades da diretoria*. Obviamente que essa atribuição de controle, cometida ao conselho de administração, não exclui a submissão da OS – na medida em que destinatária de verbas públicas – aos órgãos de controle interno e externo da Administração Pública federal.

d) previsão de participação, no órgão colegiado de deliberação superior, de representantes do Poder Público e de membros da comunidade, de notória capacidade profissional e idoneidade moral;

→ **Aplicação em concurso.**

- *PGE/PE (2009)*

  "O órgão de deliberação superior da organização social não pode ter representante do poder público."

  Resposta: A alternativa está incorreta.

- *Juiz de Direito/ES (2009)*

  "Sendo OS a qualificação jurídica conferida à pessoa jurídica de direito privado sem fins lucrativos e instituída por iniciativa de particulares, é vedada a participação de representantes do poder público em seu órgão de deliberação superior."

  Resposta: A alternativa está incorreta.

1. Ao lado da participação de representantes do Poder Público no **conselho de administração,** tem-se, ainda, a previsão da "participação de membros da comunidade, de notória capacidade profissional e idoneidade moral". Trata-se de **exigência ligada ao relevante caráter social da atuação que se exige de uma ONG para sua qualificação como OS.**

e) composição e atribuições da diretoria;

1. Trata-se de mais uma previsão apenas inócua. A necessidade de que o ato constitutivo de qualquer pessoa jurídica preveja a **composição de sua diretoria** e as **atribuições** desta é exigência constante, antes de qualquer coisa, da própria legislação civil (art. 46, II, III e IV, do Código Civil).

f) obrigatoriedade de **publicação anual, no Diário Oficial da União**, dos relatórios financeiros e do relatório de execução do contrato de gestão;

1. Como decorrência de sua qualificação como OS e da celebração do contrato de gestão, passa a pessoa jurídica de direito privado a receber, como visto, auxílio do Poder Executivo federal (*recursos financeiros, materiais* e *humanos*).

2. Nessa perspectiva, como medida de simples transparência, está a previsão legal da publicação anual, no Diário Oficial da União, dos **relatórios financeiros** e do **relatório de execução do contrato de gestão**.

2.1. Os **relatórios financeiros** devem ser publicados no Diário Oficial da União porque se trata da **aplicação de recursos públicos**. Há, evidentemente, a necessidade de *transparência* e de *prestação de contas* quanto a esses gastos.

2.2. Já o **contrato de gestão** é instrumento por meio do qual se estabelece regime de colaboração para a prestação de serviços públicos ditos sociais pela OS. Por isso mesmo, é igualmente salutar a publicação do relatório da execução do contrato de gestão no Diário Oficial da União.

g) no caso de associação civil, a aceitação de novos associados, na forma do estatuto;

h) **proibição de distribuição de bens ou de parcela do patrimônio líquido** em qualquer hipótese, inclusive em razão de desligamento, retirada ou falecimento de associado ou membro da entidade;

i) previsão de incorporação integral do patrimônio, dos legados ou das doações que lhe foram destinados, bem como dos excedentes financeiros decorrentes de suas atividades, em caso de **extinção ou desqualificação**, ao **patrimônio de outra organização social** qualificada no âmbito da União, da mesma área de atuação, ou ao **patrimônio da União, dos Estados, do Distrito Federal ou dos Municípios**, na proporção dos recursos e bens por estes alocados.

1. As alíneas *h* e *i* estão ligadas à indispensável **finalidade não lucrativa da OS.**

1.1. Assim, tanto não pode haver qualquer tipo de distribuição de lucros quanto não se permite, inclusive, a distribuição de bens ou parcela de patrimônio líquido por "desligamento, retirada ou falecimento de associado ou membro" da OS.

2. Há que se distinguir **extinção** de **desqualificação** das OSs:

2.1. Extinção: a disciplina da extinção das OSs, em linhas gerais, é a disciplina da extinção de qualquer pessoa jurídica de direito privado sem fins lucrativos, contemplada nos arts. 61 e 69 do Código Civil.

2.2. Desqualificação: a desqualificação de uma associação ou fundação equivale à **revogação do ato de qualificação.** Aquela pessoa jurídica, assim, deixa de ser qualificada como OS – e, portanto, fica fora da incidência da LOS. Embora a qualificação seja ato discricionário, a **desqualificação é um ato vinculado**, ligado à **comprovação do descumprimento do contrato de gestão**, e deve ser precedida de processo administrativo, a teor do art. 16 da LOS.

> II – haver aprovação, *quanto à conveniência e oportunidade de sua qualificação como organização social*, do Ministro ou titular de órgão supervisor ou regulador da área de atividade correspondente ao seu objeto social e do Ministro de Estado da Administração Federal e Reforma do Estado.

1. O inciso II do art. 2º trata de *aprovação Ministerial* prévia à qualificação da ONG como OS.

1.1. Importante não confundir: *aprovação ministerial prévia* com o *ato de qualificação propriamente*. Isso porque a qualificação de uma entidade como OS não é ato de Ministro de Estado (diferentemente da qualificação como OSCIP, que é levada a efeito por *portaria do Ministro da Justiça*). **A qualificação de uma entidade como OS é ato do Chefe do Poder Executivo, veiculada por meio de decreto.** Assim, após a aprovação ministerial de que trata o art. 2º, II, da LOS, o Presidente da República expede o decreto qualificando a entidade como OS.

2 Levando-se em conta que a celebração do contrato de gestão é situação que se segue de forma imediata à qualificação da pessoa jurídica como OS, parece, efetivamente, não ser possível desconsiderar a discricionariedade no ato de qualificação – o que não quer dizer que esse reconhecimento não se deva pautar por critérios objetivos, como considerou o STF no julgamento da ADI 1923. Vale dizer, **a qualificação como OS não se resume ao reconhecimento da relevância social da ONG** (diferentemente, portanto, do que se passa em relação à qualificação como OSCIP). A qualificação como OS, reitera-se, é ato que, necessariamente, antecede ao contrato de gestão, pelo qual será estabelecido necessariamente um regime de colaboração entre o Poder Público e a pessoa jurídica de direito privado.

Seção II
Do Conselho de Administração

Art. 3º O conselho de administração deve estar estruturado nos termos que dispuser o respectivo estatuto, observados, **para os fins de atendimento dos requisitos de qualificação**, os seguintes critérios básicos:

1. Os critérios definidos no art. 3º, de acordo com o seu *caput*, são **requisitos de qualificação** da pessoa jurídica de direito privado como OS. Vale dizer, se não forem observados os parâmetros contemplados em **todos os incisos do art. 3º** (e, particularmente, em **todas as alíneas do inciso I**, com a ressalva de que a alínea *c* é requisito específico destinado apenas às associações) **não poderá a ONG ser qualificada como OS.**

I – ser composto por:

a) 20 a 40% (vinte a quarenta por cento) de membros natos **representantes do Poder Público**, definidos pelo estatuto da entidade;

→ **Aplicação em concurso.**

- *PGE/PE (2009)*
  "O órgão de deliberação superior da organização social não pode ter representante do poder público."
  Resposta: A alternativa está incorreta.

- *Juiz de Direito/ES (2009)*
  "Sendo OS a qualificação jurídica conferida à pessoa jurídica de direito privado sem fins lucrativos e instituída por iniciativa de particulares, é vedada a participação de representantes do poder público em seu órgão de deliberação superior."
  Resposta: A alternativa está incorreta.

1. Como já visto, **este é um dos dispositivos mais criticados da LOS** (*contudo não teve sua inconstitucionalidade reconhecida na ADI 1923*).

b) 20 a 30% (vinte a trinta por cento) de membros natos **representantes de entidades da sociedade civil**, definidos pelo estatuto;

1. Os **representantes de entidades da sociedade civil** mencionados na alínea *b* **não se confundem com membros, associados, ou representantes da própria pessoa jurídica de direito privado a ser qualificada como OS.** Como se pode ver, trata-se de representantes de *outras ONGs* que integrem o conselho de administração da entidade que vai receber a qualificação de OS.

c) até 10% (dez por cento), no caso de **associação civil**, de **membros eleitos** dentre os membros ou os associados;

1. O requisito da alínea *c* dirige-se apenas às associações. Com efeito, *fundações não são compostas por membros ou associados* (trata-se, como é consabido, de um patrimônio destacado por seu instituidor para uma determinada finalidade), motivo pelo qual a previsão, realmente, não pode ser dirigida às fundações.

d) 10 a 30% (dez a trinta por cento) de **membros eleitos pelos demais integrantes do conselho**, dentre pessoas de notória capacidade profissional e reconhecida idoneidade moral;

e) até 10% (dez por cento) de **membros indicados ou eleitos na forma estabelecida pelo estatuto**;

1. As alíneas *a* a *d* estabelecem normas cogentes de formação do conselho de administração. A alínea *e*, por sua vez, dá **margem de liberdade** para que o estatuto da entidade estabeleça a forma de composição de 10% do mesmo conselho.

II – os membros eleitos ou indicados para compor o Conselho devem ter **mandato de quatro anos**, admitida **uma recondução**;

III – os representantes de entidades previstos nas **alíneas "a" e "b" do inciso I** devem corresponder a **mais de 50% (cinquenta por cento)** do Conselho;

1. O inciso III objetiva que os **representantes do Poder Público** (alínea *a* do inciso I) e os **representantes de entidades da sociedade civil** (alínea *b* do

inciso I) sejam **maioria** no conselho de administração da OS. Basta perceber que, se fossem observados apenas os percentuais mínimos estabelecidos nos dispositivos em questão (em ambos, 20%), poderia ocorrer de uma OS ter o seu conselho de administração composto por apenas 40% dessas espécies de representantes.

Assim, ainda que haja margem legal de liberdade para escolha, no estatuto, entre os percentuais mínimos e máximos previstos em cada uma das alíneas do inciso I do art. 3º, **a soma dos representantes previstos nas alíneas *a* e *b* deve ser superior a 50% dos membros do conselho de administração.**

IV – o **primeiro mandato de metade** dos membros eleitos ou indicados deve ser de **dois anos**, segundo critérios estabelecidos no estatuto;

1. Esta regra faz com que, **a cada dois anos, metade dos membros** do conselho de administração **seja renovada**. Para tanto, utilizou-se como critério reduzir para dois anos o mandato de metade dos membros integrantes da primeira composição do conselho de administração.

V – o **dirigente máximo** da entidade deve participar das reuniões do conselho, **sem direito a voto**;

VI – o Conselho deve reunir-se **ordinariamente**, no mínimo, **três vezes a cada ano** e, **extraordinariamente, a qualquer tempo;**

1. Na medida em que o conselho de administração **não tem funções executivas**, é natural que suas reuniões sejam esporádicas.

VII – os conselheiros **não devem receber remuneração** pelos serviços que, nesta condição, prestarem à organização social, **ressalvada a ajuda de custo por reunião** da qual participem;

1. *Diferentemente do que ocorre com os membros da* ***diretoria*** *da OS,* **os membros do conselho de administração não recebem qualquer remuneração.**

2. A única ressalva diz respeito à **ajuda de custo**, para participar de **reunião do próprio conselho**. Essa ajuda de custo deve estar prevista no estatuto e ser objeto de ampla publicidade, inclusive mediante **publicação no diário oficial da União** (cf. art. 2º, *f*, da LOS). Essa previsão estatutária e a necessidade de ampla publicidade da ajuda de custo são requisitos de transparência decorrente do emprego de recursos públicos na OS, e implicações da necessidade de que se proceda à *interpretação conforme à Constituição* da LOS.

VIII – os conselheiros eleitos ou indicados para **integrar a diretoria** da entidade devem **renunciar** ao assumirem funções executivas.

1. O exercício de **funções executivas** (próprias da **diretoria**) é, obviamente, incompatível com a **fiscalização dessas mesmas atividades** (próprias do **conselho de administração**). Em outras palavras, *o conselho de administração é quem fiscaliza as atividades executivas da diretoria.* Por isso que se exige do conselheiro indicado à função de diretor a renúncia daquele cargo.

Art. 4º Para os fins de atendimento dos **requisitos de qualificação**, devem ser **atribuições privativas do Conselho de Administração**, dentre outras:

1. Novamente, está-se diante de **requisitos de qualificação da entidade como OS.** Ou seja, se não forem, a título de **atribuições privativas do conselho de administração,** atendidos os parâmetros estabelecidos em todos os incisos do art. 4º da LOS, a pessoa jurídica de direito privado não pode ser qualificada como OS.

I – fixar o **âmbito de atuação** da entidade, para consecução do seu **objeto**;

1. O **objeto** já estará definido no ato constitutivo. Contudo, o estabelecimento do **âmbito de atuação**, como especificação do objeto da OS, até mesmo em vista da execução do contrato de gestão, é atribuição do conselho de administração.

II – aprovar a **proposta de contrato de gestão** da entidade;

1. Assim como há, no âmbito do Poder Executivo federal, aprovação ministerial prévia à qualificação da pessoa jurídica de direito privado como OS (art. 2º, II, da LOS), a proposta do contrato de gestão deve passar pelo crivo do conselho de administração da entidade.

III – aprovar a **proposta de orçamento** da entidade e o **programa de investimentos**;

IV – **designar** e **dispensar** os membros da diretoria;

V – **fixar a remuneração** dos membros da diretoria;

1. Mais do que apenas a **fiscalização** das atividades da diretoria, há verdadeira **sujeição** desta ao conselho de administração.
2. Por isso, compete ao conselho de administração não somente **designar** e **dispensar** os membros da diretoria, como, também **fixar a remuneração** destes.
3. Como se pode ver, portanto, *há muito maior margem de liberdade, na LOS, para a escolha da diretoria da entidade do que para a composição dos membros do conselho de administração*. Enquanto devem ser observados, em relação ao conselho de administração, os limites estabelecidos no art. 3º, I, da LOS, a lei não estabelece qualquer tarifação para a diretoria.
4. Quanto à **remuneração dos diretores**, vale o mesmo já expresso na nota **2** ao inciso VII do art. 3º, no sentido de que deve ser **objeto de ampla divulgação**, inclusive mediante publicação no diário oficial da União, por se estar tratado de aplicação de recursos públicos.
5. A OS não se enquadra, perceba-se, na moldura estabelecida pelo art. 37, XI, da CRFB. Por isso, o pagamento de seus diretores não está, em princípio, sujeito ao teto constitucionalmente estabelecido para a Administração Pública – o que não afasta, obviamente, a necessidade de *transparência*, *objetividade* e *impessoalidade* no estabelecimento dessa remuneração. Demais disso, é possível o reconhecimento, no caso concreto, da inconstitucionalidade de remuneração fixada de forma manifestamente abusiva,

por violação ao *princípio da proporcionalidade* (implícito na ordem constitucional).

> VI – **aprovar** e dispor sobre a **alteração dos estatutos** e a **extinção da entidade** por maioria, no mínimo, de **dois terços** de seus membros;

1. Ao conselho de administração compete, ainda, **aprovar o estatuto**, **alterá-lo**, ou deliberar sobre a **extinção da entidade.**
2. A lei exige, para tanto, **maioria qualificada**, de **dois terços** dos membros do conselho.

> VII – aprovar o **regimento interno da entidade**, que deve dispor, no mínimo, sobre a estrutura, forma de gerenciamento, os cargos e respectivas competências;

1. Há que se diferenciar o **estatuto** (cujos requisitos mínimos estão previstos no art. 2º, I, da LOS, já objeto de comentários) de **regimento interno.** Este se apresenta como um *desdobramento* daquele.

> VIII – aprovar por maioria, no mínimo, de **dois terços** de seus membros, o **regulamento próprio** contendo os procedimentos que deve adotar para a **contratação** de obras, serviços, compras e alienações e o **plano de cargos, salários e benefícios** dos empregados da entidade;

1. A existência de um **regulamento próprio** para contratações e para gestão de pessoal é materialização dos princípios constitucionais que regem a Administração Pública (art. 37 da CRFB) sobre a LOS.
2. Com isso, devem as contratações realizadas pela OS ser pautadas pela *objetividade* e pela *impessoalidade* (cf. ADI 1923).
3. No entanto, *há autores que defendem a inconstitucionalidade do dispositivo.* Baseiam-se na tese de que, como a OS, mediante a celebração do contrato de gestão, passa a ser beneficiária de recursos públicos, não poderia se esquivar do regime constitucional da licitação (celebração de contratos) e do concurso público (contratação de pessoal). Não se esqueça que tal espécie de inconstitucionalidade em tese não foi reconhecida pelo STF na ADI 1923.

3.1. A esse respeito, considera-se que tais tipos de críticas são excessivas. Com efeito, na medida em que a OS é uma pessoa jurídica de direito privado, seu regime jurídico de contratações, *grosso modo*, é ditado pelo Direito Privado. *Grosso modo* porque há, obviamente, a incidência de princípios constitucionais (notadamente os da moralidade, publicidade e impessoalidade) decorrentes da aplicação de recursos públicos. Por isso é que o regulamento próprio, objeto do inciso VIII do art. 4º da LOS, deve-se pautar **pela moralidade, pela impessoalidade e pela objetividade** (cf. ADI 1923)

4. Embora não haja previsão legal expressa, deve-se, na linha da interpretação conforme ditada pelo STF no julgamento da ADI 1923, entender que a *contratação de pessoal*, na medida em que corresponda à aplicação de recursos públicos, também deve ser realizada de forma impessoal e objetiva, recomendando-se, para tanto, a realização de processo seletivo (ainda que simplificado).

IX – aprovar e encaminhar, ao órgão supervisor da execução do contrato de gestão, os **relatórios gerenciais e de atividades da entidade**, elaborados pela diretoria;

1. O órgão responsável pelas atividades executivas da OS, como já afirmado, é a diretoria. A esta incumbe elaborar os **relatórios** de sua atividade. Como o conselho de administração exerce **atividade de fiscalização** da diretoria, ao conselho incumbe a **aprovação** desses relatórios e seu encaminhamento ao **órgão da Administração Pública federal** responsável pela supervisão da execução do contrato de gestão – normalmente, um Ministério: a Pasta responsável pela execução, no âmbito do Poder Executivo, da atividade desempenhada pela OS.

X – **fiscalizar** o cumprimento das diretrizes e metas definidas e **aprovar** os demonstrativos financeiros e contábeis e as contas anuais da entidade, com o auxílio de auditoria externa.

1. Trata-se de desdobramentos da função de fiscalização exercida pelo conselho de administração em relação às atividades executivas da diretoria. A previsão contempla, inclusive, a aprovação, *interna*, da prestação de contas da entidade. Para auxiliar essa aprovação interna será contratada uma **auditoria externa**.

2. Oportuno esclarecer que a aprovação das contas *internamente* pelo conselho de administração **não dispensa a submissão dessas mesmas contas aos órgãos de controle do Poder Executivo federal e ao Tribunal de Contas da União,** na medida em que se está tratando da gestão de recursos públicos.

→ **Aplicação em concurso.**

- *Juiz Federal – 2ª Região (2011)*

  "As entidades que integram o terceiro setor não se sujeitam a controle de tribunal de contas, dada a natureza privada de sua organização."

  Resposta: A alternativa está incorreta.

Seção III
Do Contrato de Gestão

Art. 5º Para os efeitos desta Lei, entende-se por **contrato de gestão** o instrumento firmado entre o **Poder Público** e a entidade qualificada como **organização social**, com vistas à formação de **parceria** entre as partes para **fomento e execução** de atividades relativas às áreas relacionadas no art. 1º.

→ **Aplicação em concurso.**

- *Juiz Federal – 4ª Região (2014)*

  "O Poder Executivo poderá qualificar como Organizações Sociais, por meio de contratos de gestão, pessoas jurídicas de direito privado, sem fins lucrativos, cujas atividades sejam dirigidas ao ensino, à pesquisa científica, ao desenvolvimento tecnológico, à proteção e à preservação do meio ambiente, à cultura e à saúde, desde que satisfeitos os requisitos exigidos na Lei nº 9.637/98."

  Resposta: A alternativa está correta.

- *Juiz Federal – 5ª Região (2014)*

  "As OSs formalizam o regime de cooperação com o poder público por meio da celebração de termo de parceria no qual são descritos, de modo detalhado, os direitos e as obrigações dos pactuantes."

  *Resposta: A alternativa está incorreta **Explicação**: Com OSs o Poder Público não firma "termo de parceria," mas **contrato de gestão**. "Termo de parceria" é o instrumento eventualmente celebrado com entidades qualificadas como OSCIPs.*

- *Juiz Federal – 3ª Região (2011)*

  "Denomina-se contrato de gestão o instrumento que, passível de ser firmado entre o poder público e as OSCIPs, seja destinado à formação de vínculo de cooperação para o fomento e a execução das atividades de interesse público."

Resposta: A alternativa está incorreta.

- *Juiz Federal – 1ª Região (2009)*

  "Entende-se por contrato de gestão o instrumento firmado entre o poder público e a entidade qualificada como OSCIP, com vistas à formação de parceria entre as partes para fomento e execução de atividades relativas ao ensino, à pesquisa científica, ao desenvolvimento tecnológico, à proteção e preservação do meio ambiente, à cultura e à saúde."

  Resposta: A alternativa está incorreta.

Explicação: As duas últimas assertivas relacionam o **contrato de gestão** com as **OSCIPs**. Com o OSCIP o Poder Público firma, eventualmente, **termo de parceria**. Contrato de gestão é instrumento firmado com OSs e não com OSCIPs, portanto.

1. **Importante não confundir** o contrato de gestão previsto na LOS com instrumento com o mesmo nome previsto na **Lei n. 9.648/98,** diploma legal que disciplina o art. 37, § 8º, da CRFB.

1.1. A única **semelhança** entre ambos está no **nome**. O "contrato de gestão" da Lei n. 9.648/98 é instrumento por meio do qual uma autarquia ou fundação federal é qualificada como "agência executiva". Trata-se, portanto, de *contrato firmado pela Administração direta com pessoa jurídica integrante da Administração indireta.*

1.2. Já o contrato de gestão da LOS, como é intuitivo, é uma avença celebrada entre o Poder Executivo federal e entidade que não integra, formal ou organicamente, a Administração Pública.

2. Como já registrado em outra oportunidade, a celebração do contrato de gestão **não é facultativa**; antes, trata-se de instrumento de subscrição obrigatória. O que significa dizer que **apenas será qualificada como OS entidade com a qual a Administração Pública federal estabelecerá o regime de parceria e colaboração previsto na LOS.**

2.1. Por isso é que se afirma que a qualificação de uma entidade como OS *não significa apenas o reconhecimento de sua relevância social.* Além da relevância social da entidade, sua qualificação como OS implicará, necessariamente, o estabelecimento do contrato de gestão.

2.2. A situação, nessa perspectiva, é *bem diversa da verificada em relação à LOSCIP*. Isso porque, em princípio, a qualificação de uma pessoa jurídica de direito privado como OSCIP está ligada, apenas, ao reconhecimento de sua relevância social. Para que se estabeleça algum regime de colaboração em relação ao Poder Público, é necessária a celebração de **termo de parceria**. Embora haja semelhanças entre este e o contrato de gestão, *o termo de parceria é facultativo*. Ou seja, uma entidade pode ser qualificada como OSCIP apenas em razão do reconhecimento de seus méritos sociais, sem que, necessariamente, se estabeleça algum regime de colaboração com o Poder Público.

3. Para celebração do contrato de gestão a LOS e a Lei 8.666/93 não exigem licitação. Esta última, em seu art. 24, XXIV, trata a hipótese como de **dispensa de licitação.**

→ **Aplicação em concurso.**

- *Juiz Federal – 1ª Região (2011)*

  "O contrato de gestão, instituto oriundo da reforma administrativa, recebeu tratamento diferenciado no ordenamento jurídico nacional, a exemplo da Lei de Licitações e Contratos, que inseriu a celebração de contratos de prestação de serviços com as organizações sociais, qualificadas no âmbito das respectivas esferas de governo, para atividades contempladas no contrato de gestão como hipótese de inexigibilidade de licitação."

  Resposta: A alternativa está incorreta. O art. 24, XXIV, da Lei n. 8666/93 trata como dispensável a licitação na hipótese. A inexigibilidade de licitação (expressão utilizada na assertiva) é objeto do art. 25 da Lei n. 8.666/93. Daí por que a afirmativa está incorreta.

- *Juiz Federal – 3ª Região (2011)*

  "O contrato de gestão representa verdadeira cooperação entre as partes no tocante ao interesse público a ser perseguido, sendo vedada, porém, a contratação direta que, feita com entidade colaboradora, implique, de algum modo, dispensa de licitação."

  Resposta: A alternativa está incorreta.

► **Jurisprudência do Superior Tribunal de Justiça:**

"ADMINISTRATIVO. CONTRATO DE GESTÃO. LICITAÇÃO. DISPENSA. 1. O contrato de gestão administrativo constitui negócio jurídico criado pela Reforma Administrativa Pública de 1990. 2. **A Lei n. 8.666, em seu art. 24, inciso XXIV, dispensa licitação para a celebração de contratos de prestação de serviços com as organizações sociais, qualificadas no âmbito das respectivas esferas de governo, para atividades contempladas no contrato de gestão.** (...)" (REsp 952.899/DF, Rel. Ministro JOSÉ DELGADO, PRIMEIRA TURMA, julgado em 03/06/2008, DJe 23/06/2008)

► **Jurisprudência do Tribunal Regional Federal da 3ª Região:**

"AGRAVO DE INSTRUMENTO. AÇÃO CIVIL PÚBLICA. **CONTRATO DE GESTÃO**. PREFEITURA MUNICIPAL DE SÃO JOSÉ DOS CAMPOS. ORGANIZAÇÃO SOCIAL. AÇÕES E SERVIÇOS DE SAÚDE. ALEGAÇÕES DE VÍCIOS NO PROCEDIMENTO ADMINISTRATIVO. AUSÊNCIA DE DEMONSTRAÇÃO INEQUÍVOCA. NECESSIDADE DE DILAÇÃO PROBATÓRIA. LICITAÇÃO. INVIABILIDADE. PECULIARIDADES DO CASO CONCRETO. DESCONTINUIDADE DOS SERVIÇOS DE SAÚDE IMPLANTADOS. PREJUÍZO AOS USUÁRIOS. **1. O contrato de gestão constitui importante mecanismo para melhoria e eficiência do aparelho administrativo do Estado**. (...). **Em consonância ao teor da Lei nº 9.637/98, foi promulgada a Lei nº 6.469, de 16/12/2003, pela Prefeitura Municipal de São José dos Campos. Através do Decreto Municipal nº 12.230, de 24/07/2006, o Poder Executivo do Município de São José dos Campos qualificou a Associação Paulista para o Desenvolvimento da Medicina (SPDM), originariamente denominada Escola Paulista de Medicina, como Organização Social (OS), nos termos da Lei Municipal nº 6.469/2003**. (...) 5. No que concerne à dispensa do procedimento licitatório para a celebração do contrato de gestão, malgrado os entendimentos doutrinários acerca das possíveis interpretações e até mesmo da inconstitucionalidade do inciso XXIV do art. 24 da Lei nº 8.666/93, inserido pela Lei nº 9.648/98, a se considerar o princípio constitucional da licitação, insculpido no art. 37, XXI da Magna Carta, é de se ressaltar que, na hipótese sub judice, inexiste manifestação de interesse de outra entidade quanto à execução das ações e serviços de saúde relativos ao Hospital Municipal 'Dr. José de Carvalho Florence', situação que, ao menos, num primeiro momento, resultaria na inviabilidade do certame para escolha de determinada organização social. Consta dos autos que o Município agravado oficiou a outras quatro entidades, além da SPDM, que desenvolvem atividades voltadas à área da saúde (Hospital Sta. Marcelina, Santa Casa de Misericórdia de São Paulo, UNICAMP/SP e USP/Hospital das Clínicas), consultando acerca do interesse em se qualificarem como organização social, com o intuito de celebrar, oportunamente, contrato de gestão para a administração do referido hospital municipal, sendo que apenas a SPDM manifestou interesse. 6. De outra parte, não se vislumbra a ocorrência de prejuízo ao patrimônio público apto a ensejar, de plano, a declaração absoluta de nulidade do decreto que qualificou a referida entidade como organização social, e, consequentemente, da suspensão do contrato celebrado. Ao revés, consideradas as peculiaridades que envolvem o caso concreto, **vê-se que a interrupção repentina do contrato acabaria por trazer maiores danos aos interesses protegidos, haja vista a descontinuidade dos serviços de saúde já implementados, cujo destinatário principal é a população carente do município**. 7. Agravo de instrumento improvido." (AI 200603001189724, DESEMBARGADORA FEDERAL CONSUELO YOSHIDA, TRF3 – SEXTA TURMA, DJF3 CJ1 DATA:22/03/2010 PÁGINA: 639.)

– Nesse julgado do TRF3, verifica-se o seguinte: foi editada *lei municipal* que reproduziu o teor da LOS (veja-se o tópico **6** da Introdução). O Município, então, qualificou como OS entidade hospitalar, e essa qualificação foi questionada em ação civil pública, dada a ausência de licitação. A Sexta Turma do TRF3, *embora não tenha adentrado à discussão sobre a constitucionalidade da dispensa de licitação*, chamou atenção para os seguintes fatores relacionados ao caso concreto: foram enviados ofícios a outras entidades hospitalares existentes no município, e nenhuma delas manifestou interesse (do que resultaria a *inexigibilidade* de licitação, constatada na expressão "inviabilidade do certame, utilizada no acórdão" – ou seja, os julgadores não apreciaram diretamente a questão da constitucionalidade da *dispensa* da licitação mas consideraram que, no caso concreto, de qualquer sorte se estaria em hipótese de *inexigibilidade,* dada a inviabilidade de competição); a interrupção dos serviços prestados pela OS, com eventual concessão de liminar na ação civil pública, implicaria ofensa ao próprio *princípio da continuidade* dos serviços públicos.

4. Importante perceber que a **gestão global** do serviço público, de qualquer sorte, permanece a cargo da União. Por isso que sequer se deve falar em "delegação" do serviço à OS (o que vai se estabelecer é um regime de cooperação).

→ **Aplicação em concurso.**

- *PGE/PE (2009)*

  "Tanto a organização social quanto a organização da sociedade civil de interesse público recebem ou podem receber delegação para a gestão de serviço público."

  Resposta: A alternativa está incorreta.

Art. 6º O contrato de gestão, elaborado de comum acordo entre o órgão ou entidade supervisora e a organização social, discriminará as **atribuições**, **responsabilidades** e **obrigações** do Poder Público e da organização social.

1. Este artigo apenas especifica o caráter *bilateral* do contrato de gestão. Deve haver previsão de "atribuições, responsabilidades e obrigações" a ambos os sujeitos contratantes.

1.1. Exemplo de obrigação da Administração Pública é o repasse de recursos financeiros à OS.

1.2. Como contrapartida, exemplos de responsabilidades e obrigações da OS consistem na efetiva *aplicação* desses recursos na execução do contrato de gestão e no dever de *prestar contas*.

Parágrafo único. O contrato de gestão deve ser submetido, após aprovação pelo Conselho de Administração da entidade, **ao Ministro de Estado ou autoridade supervisora da área correspondente à atividade fomentada.**

1. Assim como há previsão legal de *aprovação ministerial* prévia à **qualificação** da entidade como OS, **o contrato de gestão deve, igualmente, ser submetido a *aprovação ministerial* antes de ser posto em execução.**

Art. 7º Na elaboração do contrato de gestão, devem ser observados os princípios da **legalidade**, **impessoalidade**, **moralidade**, **publicidade**, ***economicidade*** e, também, os seguintes preceitos:

1. O art. 7º da LOS determina que se observe, quanto à elaboração do contrato de gestão, os **princípios constitucionais da Administração Pública** (art. 37, *caput*, da CRFB), com a peculiaridade de que, ao invés de mencionar a *eficiência*, refere-se a *economicidade*.

I – especificação do **programa de trabalho** proposto pela organização social, a estipulação das **metas** a serem atingidas e os respectivos **prazos de execução**, bem como previsão expressa dos **critérios objetivos de avaliação de desempenho** a serem utilizados, mediante **indicadores de qualidade e produtividade**;

II – a estipulação dos **limites** e **critérios** para despesa com **remuneração e vantagens de qualquer natureza** a serem percebidas pelos dirigentes e empregados das organizações sociais, no exercício de suas funções.

1. Os incisos do art. 7º devem ser entendidos como desdobramentos específicos da incidência dos princípios mencionados no *caput* do mesmo dispositivo, de maneira que a execução do contrato de gestão, sua supervisão e fiscalização, sejam realizadas **da forma mais objetiva, impessoal e transparente possível.**

► **Jurisprudência do Tribunal Regional Federal da 4ª Região:**

> "TRIBUTÁRIO. IRPJ. ISENÇÃO. ORGANIZAÇÃO SOCIAL SEM FINS LUCRATIVOS. DIRETORIA. REMUNERAÇÃO. ART. 106 DO CTN. **A pessoa jurídica sem fins lucrativos criada na forma de organização social (Lei nº 9.637/98) não podia usufruir da isenção do IRPJ quando remunerava os membros da diretoria, excluídos os membros do Conselho de Administração.** O art. 34 da Lei nº 10.637/2002, interpretando o art. 12 da Lei nº 9.532/97, excluiu a vedação de remuneração de dirigentes de organização social prevista naquele dispositivo, quando esta ocorrer em virtude de vínculo empregatício, que é o caso dos autos. Aplicação do art. 106 do CTN, tendo em vista lei posterior mais benéfica para o contribuinte, mantendo o benefício da isenção do IRPJ da organização social desde 1998 até 2002. (...)" (AC 200570000154611, ARTUR CÉSAR DE SOUZA, TRF4 – SEGUNDA TURMA, D.E. 07/04/2010.)

Parágrafo único. Os **Ministros de Estado ou autoridades supervisoras** da área de atuação da entidade devem **definir as demais cláusulas dos contratos de gestão** de que sejam signatários.

1. Perceba-se haver *aparente contradição* entre o par. único do art. 7º e o *caput* do art. 6º. Este dispositivo afirma que o contrato de gestão será elaborado de "comum acordo" entre os sujeitos signatários. Já aquele deixa margem a que a Administração Pública federal estabeleça "as demais cláusulas" do contrato de gestão. A LOS não apresenta qualquer indicativo para a solução do impasse.

Seção IV
Da execução e fiscalização do Contrato de Gestão

Art. 8º A execução do contrato de gestão celebrado por organização social será fiscalizada pelo órgão ou entidade supervisora da área de atuação correspondente à atividade fomentada.

1. **Exemplos de aplicação do art. 8º**: se a OS atuar na área da educação e este for o objeto do contrato de gestão, sua fiscalização será realizada pelo Ministério da Educação; se o objeto da OS e do contrato de gestão estiver

relacionado à prestação de serviços de saúde, pelo Ministério da Saúde; e assim por diante.

§ 1º A entidade qualificada apresentará ao órgão ou entidade do Poder Público supervisora signatária do contrato, **ao término de cada exercício ou a qualquer momento**, conforme recomende o interesse público, **relatório** pertinente à **execução do contrato de gestão**, contendo comparativo específico das metas propostas com os resultados alcançados, acompanhado da **prestação de contas** correspondente ao exercício financeiro.

1. Trata-se de desdobramento do dever de prestação de contas:

1.1. Ao **término de cada exercício**, a OS entregará à Administração Pública **relatório de execução** e **prestação de contas**.

1.2. Havendo razão de **interesse público,** essa prestação de contas pode ser requisitada a **qualquer momento**.

§ 2º Os resultados atingidos com a execução do contrato de gestão devem ser analisados, periodicamente, por **comissão de avaliação**, indicada pela autoridade supervisora da área correspondente, composta por **especialistas de notória capacidade e adequada qualificação**.

§ 3º A comissão deve encaminhar à autoridade supervisora **relatório conclusivo** sobre a avaliação procedida.

1. Não é a **comissão de avaliação** a responsável pela aprovação dos relatórios e prestações de contas da OS. Essa comissão fará uma *apreciação prévia* (chamada pela lei de "relatório conclusivo") **e submeterá à autoridade competente** (normalmente um Ministro de Estado).

2. A apreciação contemplada nos §§ 2º e 3º **não exclui**, obviamente, a atividade de controle interno e externo das contas prestadas pela OS.

Art. 9º Os **responsáveis pela fiscalização** da execução do contrato de gestão, ao tomarem conhecimento de qualquer **irregularidade** ou **ilegalidade** na utilização de recursos ou bens de origem pública por organização social, dela darão **ciência ao Tribunal de Contas da União**, sob pena de **responsabilidade solidária**.

1. A previsão de ciência ao TCU de qualquer irregularidade ou ilegalidade na utilização de recursos ou bens públicos pela OS, como medida **repressiva** da eventual malversação de recursos públicos não exclui, como se tem enfatizado bastante ao longo dessa obra, a atividade de controle a ser **ordinariamente** realizada pela Corte de contas e pelos demais órgãos responsáveis no âmbito da Administração Pública federal.

▶ **Jurisprudência do Superior Tribunal de Justiça:**

> "PROCESSUAL CIVIL E ADMINISTRATIVO. CONTRATO DE GESTÃO. VIOLAÇÕES DOS ARTS. 1° DA LEI Nº 1.533/51, 301, §§ 1° AO 3°, DO CPC E 24, XXIV, DA LEI Nº 8.666/93. OCORRÊNCIA DE LITISPENDÊNCIA. IRREGULARIDADES NA QUALIFICAÇÃO DO INSTITUTO CANDANGO DE SOLIDARIEDADE COMO ORGANIZAÇÃO SOCIAL. DESOBEDIÊNCIA A DETERMINAÇÕES DO TRIBUNAL DE CONTAS DO DISTRITO FEDERAL NO EXERCÍCIO DO CONTROLE EXTERNO. NÃO-OCORRÊNCIA DOS PRESSUPOSTOS PARA CONCESSÃO DE SEGURANÇA EM AÇÃO MANDAMENTAL. DESRESPEITO À LEI DE LICITAÇÕES. 1. Configurada a litispendência (ofensa ao art. 301, §§ 1° ao 3°, do CPC), visto serem as mesmas partes (o Instituto Candango de Solidariedade e o Tribunal de Contas do Distrito Federal – TCDF), o mesmo pedido (desconstituição de decisões do TCDF) e a mesma causa de pedir (qualificação do Instituto Candango de Solidariedade como organização social, prevista na Lei Distrital nº 2.415/99). Violação que se constata, pois todas as decisões do TCDF hostilizadas nos writ nºs 2003.00.2.009144-8 e 2003.00.2.011424-6 versam sobre o mesmo objeto. 2. Descumprimento, pelo Instituto Candango de Solidariedade, dos requisitos legais insculpidos no art. 24, XXIV, da Lei nº 8.666/93, que prevê dispensa de licitação 'para a celebração de contratos de prestação de serviços com as organizações sociais, qualificadas no âmbito das respectivas esferas de governo, para atividades contempladas no contrato de gestão'. 3. Não ocorre direito líquido e certo que justifique a concessão da segurança. **Conquanto o pedido no mandamus fosse a desconstituição de decisões supostamente ilegais, na verdade, o que se objetivava era o afastamento da fiscalização realizada pelo Tribunal de Contas do Distrito Federal sobre os contratos administrativos. Almejou-se o inexistente direito líquido e certo de não ser fiscalizado, obrigação à qual nenhum ente se pode furtar**. 4. Recursos especiais providos." (REsp 885.523/DF, Rel. Ministro CASTRO MEIRA, SEGUNDA TURMA, julgado em 26/08/2008, DJe 02/10/2008)

– Esse julgado do STJ, embora referente a organização social assim qualificada pelo Distrito Federal (relembra-se o item **6** da Introdução), demonstra o reconhecimento da incidência do controle da entidade, no caso, pelo TC do DF.

2. Responsabilidade solidária do agente público:

Acaso o responsável pela fiscalização no âmbito da Administração Pública **não proceda** à comunicação ao TCU, prevista no art. 9º da LOS, será ele **responsabilizado de forma solidária** pelos prejuízos ao erário apurados. Essa possibilidade de responsabilidade solidária do agente público incumbido da fiscalização da aplicação de recursos públicos não é novidade – já está prevista em outros diplomas legais – e, em suma, equipara, para fins de recomposição patrimonial, a **omissão no controle** ao **ato danoso em si.**

3. OS e improbidade administrativa:

Em razão da *elasticidade* do conceito de **improbidade administrativa** (que envolve **não apenas** a lesão a bens e interesses de pessoa jurídica integrante da Administração Pública em acepção meramente formal ou orgânica), a malversação de recursos públicos destinados a OS – ou mesmo a lesão aos princípios que regem a Administração Pública, no contexto da administração da pessoa jurídica de direito privado – pode atrair, em tese, a incidência da Lei n. 8.429/92 (Lei de Improbidade Administrativa). A propósito, basta perceber que o art. 1º, par. único, da mencionada lei, engloba, implicitamente, as OS:

> "Parágrafo único. Estão também sujeitos às penalidades desta lei os atos de improbidade praticados contra o patrimônio de **entidade que receba subvenção**, benefício ou incentivo, fiscal ou creditício, **de órgão público** bem como daquelas para cuja criação ou custeio o erário haja concorrido ou concorra com menos de cinquenta por cento do patrimônio ou da receita anual, limitando-se, nestes casos, a sanção patrimonial à repercussão do ilícito sobre a contribuição dos cofres públicos."

Contudo – e antes –, *se a receita anual da OS for composta de mais de cinquenta por cento de recursos provenientes da Administração federal*, aquela será enquadrada já no *caput* do mesmo art. 1º da Lei n. 8.429/92.

O importante perceber, de qualquer sorte, é que **a administração da OS está debaixo do âmbito de proteção estabelecido pela Lei de Improbidade Administrativa**.

→ **Aplicação em concurso.**

- *Juiz de Direito – BA (2012).*

  O prefeito de determinado município firmou contrato de aluguel de milhares de computadores para as escolas municipais. A contratação foi feita sem licitação, sob o argumento de que a fornecedora dos computadores é uma organização social sem fins lucrativos. Posteriormente, o tribunal de contas do estado detectou que o aluguel anual de cada máquina custava o dobro do valor de um computador novo, tendo o MP estadual, por seu turno, descoberto que os dirigentes da organização social mantêm relação direta com donos de empresa de material de informática à qual pertencem os computadores alugados. A quebra do sigilo bancário da organização social demonstrou que os pagamentos recebidos do município eram repassados à referida empresa.

Com base na situação hipotética acima e no disposto na Lei nº 8.429/1992 (lei que trata da improbidade administrativa):

> (...)
>
> O MP poderá ajuizar ação de improbidade contra o prefeito, mas nada poderá fazer em relação aos dirigentes da organização social ou aos donos da empresa de informática, visto que a referida lei alcança apenas os ocupantes de cargos públicos.

Resposta: a afirmação está incorreta

- **Jurisprudência do Tribunal Regional Federal da 2ª Região.**

> "APELAÇÃO. DIREITO CONSTITUCIONAL E DIREITO ADMINISTRATIVO. AÇÃO DE IMPROBIDADE ADMINISTRATIVA. REPASSE DE VERBAS FEDERAIS PARA A SAÚDE. CONTRATAÇÃO COM DISPENSA DE LICITAÇÃO. ORGANIZAÇÃO SOCIAL INIDÔNEA. DANO AO ERÁRIO PÚBLICO. ARTS. 10 E 11, LEI 8.429/92. VIOLAÇÕES A LEI N. 8.666/93. PREFEITO MUNICIPAL E SECRETÁRIO DE SAÚDE. IMPROVIMENTO. (....)" (AC 200650010081687, Desembargador Federal GUILHERME CALMON NOGUEIRA DA GAMA, TRF2 – SEXTA TURMA ESPECIALIZADA, E-DJF2R – Data::30/07/2012 – Página::255/256.)

Art. 10. Sem prejuízo da medida a que se refere o artigo anterior, quando assim exigir a gravidade dos fatos ou o interesse público, havendo **indícios fundados de malversação de bens ou recursos de origem pública**, os responsáveis pela fiscalização representarão ao **Ministério Público**, à **Advocacia-Geral da União** ou à **Procuradoria da entidade** para que requeira ao juízo competente a decretação da **indisponibilidade dos bens** da entidade e o **sequestro dos bens dos seus dirigentes**, bem como de **agente público ou terceiro**, que possam ter enriquecido ilicitamente ou causado dano ao patrimônio público.

1. A medida de **sequestro** prevista no art. 10 da LOS é similar à contemplada no art. 16 da Lei n. 8.429/92 (aliás, os §§ 1º e 2º de ambos os dispositivos têm exatamente a mesma redação).

1.1. Na verdade, em razão da já mencionada incidência da Lei de Improbidade Administrativa sobre as OS (ver a nota **3** ao art. 9º), *seria até mesmo desnecessária* a previsão específica contida na LOS.

2. O sequestro é uma **medida cautelar**, que tem por objetivo, em resumo, *tornar indisponível determinado bem* (ver subitem **2.2.**, abaixo), a fim de garantir o resultado de uma **ação principal** (ver subitem **2.1.**, abaixo). A **indisponibilidade é decretada judicialmente**, mediante requerimento de um dos legitimados (ver item **3,** abaixo) previstos no art. 10 da LOS.

2.1. A **ação principal** é, essencialmente, uma *ação de improbidade administrativa*, e a providência final que a cautelar visa a garantir é exatamente o *ressarcimento ao erário* – conferir, a propósito, a parte final do par. único do art. 1º da Lei de Improbidade Administrativa, já transcrito no comentário **3.1.** ao art. 9º.

2.2. Contudo, *não se pode descartar a possibilidade de uma ação* ***a ser ajuizada pela própria OS*** em face do dirigente que tenha procedido à administração irregular, com vistas à recomposição patrimonial daquela.

2.3. Tecnicamente, a medida prevista nos arts. 10 da LOS e 16 da Lei de Improbidade Administrativa assemelha-se mais ao *arresto*. Isso porque a previsão legal destina-se, genericamente, ao *patrimônio* da pessoa, e não a determinado bem – sendo exatamente esta a distinção entre arresto e sequestro. Embora se perceba a atecnia legislativa, esta não interfere, é importante notar, na efetividade da medida, ainda mais diante do novo Código de Processo Civil, que se preocupou, apenas, em disciplinar a tutela jurisdicional cautelar em termos gerais (artigo 301), não se incomodando, como o Código revogado, com a disciplina de procedimentos cautelares específicos.

3. A **legitimidade** para a propositura da medida de sequestro está ligada:

3.1. À própria legitimidade para a propositura da ação de improbidade (ver subitem **2.1.**, acima). Esta está prevista no **art. 17 da Lei n. 8.429/92**, que menciona o "Ministério Público" ou a "pessoa jurídica interessada". Sendo a atividade da OS supervisionada por Ministério de Estado, a "pessoa jurídica interessada" é a própria União. Daí a referência legal à AGU.

3.2. À ação a ser ajuizada pela própria OS em face do em face do dirigente que tenha procedido à administração irregular, com vistas à recomposição patrimonial daquela (ver subitem **2.2.**, acima). Daí a previsão de representação à "Procuradoria da entidade".

4. O dispositivo prevê **duas medidas**, ambas decorrentes da administração ímproba da OS:

4.1. A **indisponibilidade dos bens da própria OS**: essa medida visa à integridade das relações jurídicas travadas pela OS com terceiros. Nesse contexto, determinada judicialmente a indisponibilidade dos bens da entidade, *à Administração Pública incumbe velar pela continuidade das atividades sociais da OS*, consoante previsão do § 3º do mesmo art. 10.

4.2. Sequestro dos bens dos dirigentes da OS, de agentes públicos ou de terceiros, *isto é, de qualquer pessoa que tenha concorrido para a administração ímproba da entidade.* Essa medida tem por objetivo garantir o ressarcimento ao erário.

Indisponibilidade de bens da OS	Sequestro de bens dos dirigentes, de agentes públicos ou de terceiros
Resguardar lesão a terceiros (a Administração Pública velará pela continuidade das atividades)	Garantir o ressarcimento ao erário

§ 1º O pedido de sequestro será processado de acordo com o disposto nos **arts. 822 e 825 do Código de Processo Civil**.

§ 2º Quando for o caso, o pedido incluirá a investigação, o exame e o bloqueio de bens, contas bancárias e aplicações mantidas pelo demandado **no País e no exterior**, nos termos da lei e dos tratados internacionais.

§ 3º Até o término da ação, o **Poder Público** permanecerá como depositário e gestor dos bens e valores sequestrados ou indisponíveis e **velará pela continuidade das atividades sociais** da entidade.

1. A menção feita pelo § 1º aos artigos 822 e 825 do Código de Processo Civil diz respeito ao **CPC de 1973**, já revogado. O novo Código não disciplina a medida de sequestro ou a de arresto de forma específica, uma vez que, no que diz respeito à tutela jurisdicional cautelar, limitou-se a traçar linhas gerais (artigo 301 do novo CPC).

2. O § 3º trata de espécie de **encampação da atividade** exercida pela OS. Em razão do interesse público subjacente (e, até mesmo, do *princípio da* *continuidade dos serviços públicos*), a Administração Pública federal permanecerá "velando pela continuidade das atividades sociais da entidade".

3. A expressão "Até o término da ação" deve ser compreendida como **até o término da ação principal**, e não apenas da cautelar. Com efeito, não faria sentido a retomada dos bens e das atividades pela OS com o mero encerramento da cautelar, na medida em que esta apenas tem por objetivo assegurar o resultado prático da ação principal.

Seção V
Do fomento às Atividades Sociais

Art. 11. As entidades qualificadas como organizações sociais são declaradas como entidades de interesse social e utilidade pública, para todos os efeitos legais.

Art. 12. Às organizações sociais poderão ser destinados **recursos orçamentários** e **bens públicos** necessários ao **cumprimento do contrato de gestão.**

1. Como já mencionado, a Administração Pública federal, *mediante a celebração do contrato de gestão, nos termos deste e para sua execução,* pode repassar à OS **recursos financeiros, materiais** (art. 12) e **humanos** (art. 14).

→ **Aplicação em concurso.**

- *Juiz Federal – 4ª Região (2012).*
  "Às organizações sociais poderão ser destinados recursos orçamentários e bens públicos necessários ao cumprimento do contrato de gestão, dispensada licitação."
  Resposta: a alternativa está correta

- *Juiz Federal – 1ª Região (2011)*
  "O auxílio que o poder público presta à organização social não pode abranger a destinação de recursos orçamentários e bens necessários ao cumprimento do contrato de gestão, ainda que mediante permissão de uso."
  Resposta: A alternativa está incorreta

- *Juiz Federal – 2ª Região (2009)*
  "As organizações sociais poderão receber recursos públicos mediante transferências voluntárias, mas não poderão receber recursos diretamente do orçamento."
  Resposta: A alternativa está incorreta.

§ 1º São assegurados às organizações sociais os **créditos previstos no orçamento** e as respectivas **liberações financeiras**, de acordo com o **cronograma de desembolso** previsto no contrato de gestão.

1. O repasse de recursos públicos à OS está ligado a **duas condições:** previsão *orçamentária* e previsão no *contrato de gestão*.
2. A questão do **cronograma de desembolso** a ser previsto no contrato de gestão é, igualmente, mero reflexo da **necessidade de planejamento** decorrente da execução orçamentária.

§ 2º Poderá ser adicionada aos créditos orçamentários destinados ao custeio do contrato de gestão parcela de recursos para **compensar desligamento de servidor cedido**, desde que haja justificativa expressa da necessidade pela organização social.

1. Se um servidor publico cedido à OS for desta desligado, pode haver a necessidade de contratação (agora pelo regime de direito privado, perceba-se), de outra pessoa para substituí-lo em suas funções. Nesse contexto, abre a LOS possibilidade para que, mediante *justificativa expressa da entidade*, haja complementação orçamentária para execução do contrato de gestão.

§ 3º Os bens de que trata este artigo serão destinados às organizações sociais, **dispensada licitação**, mediante **permissão de uso,** consoante **cláusula expressa do contrato de gestão**.

1. Em razão do regime de colaboração estabelecido mediante a celebração do contrato de gestão, não faria sentido que a cessão de bens públicos à OS fosse precedida de licitação.
2. Contudo, toda a cessão deve estar contemplada no **contrato de gestão** (que, como visto, deve ser pautado pela impessoalidade e pela objetividade). Aliás, prevê a LOS que a **própria permissão** de uso (ato administrativo pelo qual se instrumentaliza a cessão) **seja veiculada no contrato de gestão**.

→ **Aplicação em concurso.**

- *Juiz Federal – 2ª Região (2013)*

  "Às organizações sociais poderão ser destinados bens públicos, sendo dispensada licitação, mediante permissão de uso, consoante cláusula expressa de contrato de gestão celebrado com o poder público."

  Resposta: a alternativa está correta

Art. 13. Os bens móveis públicos permitidos para uso poderão ser **permutados** por outros de igual ou maior valor, condicionado a que os novos bens **integrem o patrimônio da União.**

Parágrafo único. A permuta de que trata este artigo dependerá de **prévia avaliação** do bem e **expressa autorização do Poder Público.**

1. O regime de permuta de bens públicos previsto no art. 13, por exigir "prévia avaliação", "expressa autorização do Poder Público" e "que os novos bens integrem o patrimônio da União", como se percebe, não contempla qualquer prejuízo ao patrimônio público federal.

→ **Aplicação em concurso.**

- *Juiz de Direito/ES (2009)*

  "Os bens móveis públicos destinados às OS podem ser objeto de permuta por outros de igual ou maior valor, desde que os novos bens integrem o patrimônio da União."

  Resposta: A alternativa está correta.

Art. 14. É facultado ao Poder Executivo a cessão especial de servidor para as organizações sociais, com ônus para a origem.

1. Havendo a cessão de servidor público federal para a OS, a remuneração daquele será paga pela Administração Pública. É o que se depreende da expressão "com ônus para a origem".

► **Jurisprudência do Tribunal Regional Federal da 2ª Região:**

"MANDADO DE SEGURANÇA. ADMINISTRATIVO. CONSTITUCIONAL. SERVIDOR PÚBLICO. GRATIFICAÇÃO DE DESEMPENHO DE ATIVIDADE DE CIÊNCIA E TECNOLOGIA– GDACT. SERVIDOR DO INPI DE LICENÇA

PARA EXERCÍCIO PROVISÓRIO EM ÓRGÃO DO IBAMA, ENTIDADE NÃO ELENCADA NO § 1° DO ART. 1° DA LEI 8.691/93. (...) **A GDACT– Gratificação de Desempenho de Atividade de Ciência e Tecnologia tem como destinatário o servidor ocupante dos cargos efetivos integrantes das carreiras de Pesquisa em Ciência e Tecnologia, de Desenvolvimento Tecnológico e de Gestão, Planejamento e Infra-estrutura em Ciência e Tecnologia se em exercício de atividades inerentes às atribuições das respectivas carreiras nos órgãos e nas entidades a que se refere o § 1° do art. 1° da Lei n° 8.691, de 28 de julho de 1993, e nas Organizações Sociais conforme disposto na Lei n° 9.637, de 15 de maio de 1998, e é atribuída em função do efetivo desempenho do servidor e do alcance das metas de desempenho institucional fixadas em ato do dirigente máximo do órgão ou da entidade, nos termos do art. 17 e dos §§ 1° e 2° do art. 20 da MP 2229-43, de 06-09-2001, alterada pela MP n° 210, de 31-08-2004**. (...)" (AMS 200451010232257, Desembargador Federal FERNANDO MARQUES, TRF2 – SEXTA TURMA ESPECIALIZADA, DJU – Data::12/06/2006 – Página::192.) " (AC 200551010149700, Desembargadora Federal TANIA HEINE, TRF2 – TERCEIRA TURMA ESPECIALIZADA, DJU – Data::15/10/2008 – Página::72.)

§ 1º **Não será incorporada** aos vencimentos ou à remuneração de origem do servidor cedido **qualquer vantagem pecuniária que vier a ser paga pela organização social**.

1. A regra do § 1º, além de reforçar a previsão do "ônus para a origem", prevista no *caput*, deixa bem claro que, qualquer vantagem pecuniária paga pela OS (como, por exemplo, diárias ou ajudas de custo), decorrentes do exercício de atividade relacionada a esta, não será incorporada ao vencimento ou remuneração do servidor público cedido. Isso quer dizer que, mesmo que tais vantagens tenham sido percebidas *habitualmente* enquanto o servidor esteve cedido à OS, em seu eventual retorno à Administração Pública federal, **perceberá apenas a remuneração regular de seu cargo.**

§ 2º Não será permitido o pagamento de **vantagem pecuniária permanente** por organização social a servidor cedido com recursos provenientes do contrato de gestão, *ressalvada a hipótese de adicional relativo ao exercício de função temporária de direção e assessoria.*

1. O dispositivo em questão, ao vedar o pagamento de "vantagem pecuniária permanente" pela OS ao servidor cedido, deixa em aberto, em tese, a possibilidade de pagamento de vantagem pecuniária temporária.

2. O pagamento de **diárias** e **ajudas de custo** relacionadas ao exercício da função na OS, como estas têm **caráter indenizatório**, não está vedado pelo dispositivo.

3. A ressalva da parte final do dispositivo dá a entender a possibilidade de que o servidor público cedido exerça, *temporariamente*, função de *direção* e *assessoria* da entidade. Essa ressalva quanto ao caráter temporário do exercício dessas funções demonstra que elas, ordinariamente, devem ser exercidas por pessoa **não integrante dos quadros do Estado.** Contudo, situações temporárias e emergenciais abririam a possibilidade de que o servidor cedido exercesse ditas funções de direção e assessoria. Ao assumir essas funções, o texto da lei permite que receba "adicional". **O pagamento desse adicional, pela lógica da LOS, deve ser suportado pela OS**, e não pela Administração cedente.

§ 3º O servidor cedido que não atua diretamente na unidade que exerce a atividade publicizada perceberá **as vantagens do cargo a que fizer jus no órgão de origem** quando for ocupante de **primeiro ou segundo escalão** na organização social.

1. O objetivo deste dispositivo é estabelecer uma espécie de "mecanismo de simetria", de maneira que o exercício de função no primeiro ou segundo escalão na OS permite ao servidor cedido perceber as vantagens a que fizer jus no órgão de origem.

Art. 15. São extensíveis, no âmbito da União, os efeitos dos arts. 11 e 12, § 3º, para as entidades qualificadas como organizações sociais pelos Estados, pelo Distrito Federal e pelos Municípios, quando houver reciprocidade e desde que a legislação local não contrarie os preceitos desta Lei e a legislação específica de âmbito federal.

1. Havendo reciprocidade (isto é, previsão idêntica na legislação estadual, distrital ou municipal – ver, acima, ponto **6** da Introdução – acerca das entidades qualificadas como OS pela União), a qualificação de uma pessoa

jurídica de direito privado como OS na esfera estadual distrital ou municipal garante a esta entidade:

1.1. O reconhecimento, no âmbito federal, de que se trata de entidade de "**interesse social**" e **"utilidade pública"** (art. 11 da LOS);

1.2. A possibilidade de **cessão de bens públicos federais**, *dispensada licitação*, à entidade qualificada como OS por Estado, Distrito Federal ou Município (art. 12, § 3º, da LOS).

→ **Aplicação em concurso.**

- *PGE/PE (2009)*

  "Os estados-membros e os municípios não podem firmar ajustes com as organizações civis de interesse público qualificadas pela União."

  Resposta: A alternativa está incorreta.

- *Juiz de Direito – TJDFT (2014)*

  "O DF pode dispensar a realização de licitação para a celebração de contrato de prestação de serviços com organização social, assim qualificada por meio de contrato de gestão celebrado com município de estado da Federação."

  Resposta: A alternativa está incorreta. ***Explicação:*** *a situação tratada não se enquadra na hipótese disciplinada no artigo 15 da LOS. Perceba-se que a LOS não contempla (de fato, nem poderia fazê-lo) a situação em que um Estado ou o DF estabelece relação com OS que tenha celebrado contrato de gestão com um município. Em segundo lugar, a celebração de contrato de prestação de serviços também não está contemplada nas hipóteses dos artigos 11 e 12, § 3º, da LOS.*

Seção VI
Da desqualificação

Art. 16. O Poder Executivo *poderá* proceder à desqualificação da entidade como organização social, quando constatado o descumprimento das disposições contidas no contrato de gestão.

§ 1º A desqualificação será precedida de processo administrativo, assegurado o direito de ampla defesa, respondendo os dirigentes da organização social, individual e solidariamente, pelos danos ou prejuízos decorrentes de sua ação ou omissão.

§ 2º A desqualificação importará reversão dos bens permitidos e dos valores entregues à utilização da organização social, sem prejuízo de outras sanções cabíveis.

1. A **desqualificação** tratada neste artigo é uma ***sanção*** *decorrente do descumprimento do contrato de gestão.* Nessa medida, a expressão "poderá" encontrada no *caput* do art. 16 da LOS deve ser entendida como encerrando um **poder-dever**. Isso quer dizer que a **desqualificação é um ato administrativo vinculado** (ou seja, verificada a hipótese legal – o descumprimento *injustificado* do contrato de gestão – a Administração Pública federal deve proceder à desqualificação da OS), diferentemente da qualificação, que é um ato administrativo discricionário (ainda que deva ser, reitera-se, pautado pela objetividade e pela impessoalidade).

   Obviamente, contudo, que *a desqualificação não tomará lugar se o descumprimento do contrato for justificado por* ***razões externas*** *à OS* (ou seja, que não digam respeito à mera administração ineficiente ou mesmo ímproba).

2. A previsão de **prévio processo administrativo** apenas reforça o **caráter sancionatório** da desqualificação aqui tratada. Isso porque, *no contexto do Direito Administrativo contemporâneo, qualquer ato administrativo de supressão de direitos* (como é aquele que encerra o processo administrativo de desqualificação da OS) *deve ser precedido da oportunização de ampla defesa ao interessado.*

→ **Aplicação em concurso.**

- *Juiz Federal – 4ª Região (2012)*

  "A desqualificação da entidade como organização social pelo Poder Executivo será precedida de processo administrativo, assegurado o direito de ampla defesa, respondendo os seus dirigentes, individual e solidariamente, pelos danos ou prejuízos decorrentes de sua ação ou omissão."

  Resposta: a afirmação está correta

- *Juiz Federal – 1ª Região (2009)*

  "A desqualificação de entidade como organização social dependerá de regular processo judicial movido pelo MP, com base no descumprimento das disposições contidas no contrato de gestão."

  Resposta: A alternativa está incorreta.

▶ Jurisprudência do Superior Tribunal de Justiça:

"DIREITO ADMINISTRATIVO – MANDADO DE SEGURANÇA – LEI 9.637/98 – ORGANIZAÇÃO SOCIAL – **DESCUMPRIMENTO DE CONTRATO DE GESTÃO – DESQUALIFICAÇÃO DA ENTIDADE IMPETRANTE – ATO DA MINISTRA DE ESTADO DO MEIO AMBIENTE** – AUSÊNCIA DE VIOLAÇÃO DOS PRINCÍPIOS DA AMPLA DEFESA, CONTRADITÓRIO E DEVIDO PROCESSO LEGAL – ANÁLISE DA SUBSTANCIOSA DEFESA APRESENTADA PELA IMPETRANTE – LEGALIDADE E CONSTITUCIONALIDADE DO PROCESSO ADMINISTRATIVO QUE CULMINOU COM O ATO IMPETRADO – AUSÊNCIA DE DIREITO LÍQUIDO E CERTO A SER PROTEGIDO PELA VIA ELEITA – DENEGAÇÃO DA ORDEM – PREJUDICADO O EXAME DO AGRAVO REGIMENTAL. 1. O presente *mandamus* é dirigido contra ato praticado pela Excelentíssima Senhora Ministra de Estado do Meio Ambiente, que, analisando o processo administrativo n. 02000.001704/2001-14, acolheu o relatório da Comissão Processante e aprovou o parecer n. 346/CONJUR/MMA/2004, por seus jurídicos fundamentos, determinando a desqualificação da Organização Social impetrante. 2. No caso dos autos, a impetrante foi qualificada como organização social por meio de Decreto Presidencial (em 18.3.1999) e celebrou contrato de gestão com a União, representada pelo Ministério do Meio Ambiente, em 14.11.2001. Em virtude da apuração de irregularidades no **cumprimento do referido contrato, a autoridade apontada como coatora determinou a instauração de processo administrativo que, após os trâmites legais – inclusive a análise da defesa apresentada pela ora impetrante – culminou com o ato impetrado, determinando a desqualificação da impetrante como organização social**. 3. Diversamente do que alega a impetrante, não houve cerceamento de defesa, tampouco ocorreu violação dos princípios do contraditório e do devido processo legal. Isso porque o processo administrativo foi regularmente instaurado e processado, oportunizando-se o oferecimento de defesa pela impetrante, que foi exaustivamente analisada pelo Ministério do Meio Ambiente. 4. A impetrante não fez prova das nulidades que alega, como a vedação de acesso aos autos, e sequer indica a existência de prejuízo causado pelo trâmite do processo administrativo nos moldes como ocorreu. Pelo contrário, a substanciosa defesa apresentada pela demandante evidencia que essa pôde impugnar todas as imputações contra si realizadas no processo em questão. 5. Assim, o exame dos autos e a análise da legislação de regência demonstram, com absoluta segurança, que não há nenhuma ilegalidade no processo que, motivadamente, desqualificou a impetrante como organização social. 6. Por outro lado, **é inviável o reexame, em sede de mandado de segurança, dos critérios e percentuais de avaliação utilizados pelo Ministério do Meio Ambiente para**

atribuir o índice de 70,4% de cumprimento das metas do contrato de gestão celebrado com a impetrante. Além disso, cumpre registrar que o contrato em discussão, de acordo com o art. 5º e seguintes da Lei 9.637/98, objetivamente prevê as metas e os critérios da sistemática de avaliação. No caso em apreço, é inviável a revisão do mérito administrativo pelo Poder Judiciário, estando este Tribunal limitado a apreciar a legalidade do ato praticado pela autoridade impetrada. 7. **A responsabilidade pelo não-cumprimento de todas as metas do contrato de gestão objeto do *writ* é imputável tão-somente à entidade impetrante, não havendo como atribuir ao Poder Público, que lhe transferiu recursos financeiros e lhe cedeu servidores públicos, a 'culpa' pelo cumprimento de percentual insatisfatório das metas contratualmente estipuladas.** Além disso, conforme bem observado pelo parecer que fundamentou o ato impetrado, a impetrante admite o descumprimento parcial do contrato e não justifica os motivos desse descumprimento, apenas discorre que o Poder Público não lhe orientou de maneira suficiente para que as metas pudessem ser atingidas. 8. Registre-se que as alegações da impetrante são contrárias aos princípios que regem a Administração Pública e as atividades do chamado "terceiro setor", pois a qualificação de entidades como organizações sociais e a celebração de contratos de gestão tiveram origem na necessidade de se desburocratizar e otimizar a prestação de serviços à coletividade, bem como viabilizar o fomento e a execução de atividades relativas às áreas especificadas na Lei 9.637/98 (ensino, pesquisa científica, desenvolvimento tecnológico, proteção e preservação do meio ambiente, cultura e saúde). Assim, **apesar de, na espécie, competir ao Ministério do Meio Ambiente a fiscalização, a avaliação e o acompanhamento dos resultados do contrato de gestão, essas providências não afastam a responsabilidade do impetrante de cumprir as metas acordadas com o Poder Público.** 9. Infere-se, portanto, que inexiste ilegalidade ou inconstitucionalidade no ato motivadamente praticado pela autoridade apontada como coatora, não havendo direito líquido e certo da impetrante a ser protegido pela via eleita. 10. Segurança denegada, restando prejudicado o exame do agravo regimental interposto pela impetrante." (MS 10.527/DF, Rel. Ministra DENISE ARRUDA, PRIMEIRA SEÇÃO, julgado em 14/09/2005, DJ 07/11/2005, p. 75)

– Esse julgado do STJ decorreu da impetração (originária, porquanto contra ato de Ministro de Estado – art. 105, I, *b*, da CRFB) de mandado de segurança por entidade que fora *desqualificada* da condição de organização social, por desatendimento das metas estabelecidas em contrato de gestão. Foi afirmada, pela Corte Superior: **1**) a *regu-*

laridade do processo administrativo de desqualificação (em razão da observância dos princípios da ampla defesa e do contraditório); **2**) a impossibilidade de aferição do cumprimento de metas relativas ao contrato de gestão em sede de mandado de segurança (que apenas admite *prova documental pré-constituída*); e **3**) embora o Ministério responsável pela fiscalização das atividades relacionadas ao contrato de gestão tenha o dever de *orientar* a OS, a responsabilidade daquele não exclui *o dever desta de cumprir as metas* estabelecidas no contrato de gestão.

3. Apesar deste artigo tratar a "desqualificação" apenas como uma sanção, deve-se notar que o **artigo 21, II, do Decreto 9.190/2017** previu uma segunda modalidade de desqualificação, decorrente do encerramento do contrato de gestão. Chamemos isso de *desqualificação por decurso de prazo.*

4. Os **danos** ou **prejuízos** decorrentes de **ação** ou **omissão** dos dirigentes implicam a **responsabilização individual e solidária destes.** Isso quer dizer que o ressarcimento pode ser exigido de *cada um, em sua integralidade*, e *de todos ao mesmo tempo*, garantindo-se, assim, mecanismo jurídico o mais amplo possível para o ressarcimento ao erário.

5. A desqualificação implica o **retorno ao *status quo ante***, no sentido da reversão, à Administração Pública federal, do patrimônio e dos servidores públicos cedidos à OS, assim como dos valores disponibilizados para execução do contrato de gestão. *Excetuam-se dessa previsão, obviamente, os recursos que tenham sido devidamente utilizados para a consecução regular do contrato de gestão.*

6. Embora a LOS não preveja de forma expressa (faz menção apenas à **desqualificação** mediante **processo administrativo**) não se pode excluir a possibilidade de que, em tese, a desqualificação decorra de **processo judicial** – o que será possível de perceber, especialmente, em ação civil pública por improbidade administrativa, especialmente se vier a ficar comprovado, a par da administração ímproba, o completo desvirtuamento da finalidade social da entidade. A propósito, a LOSCIP, em seu art. 7º, prevê, ao lado do processo administrativo, a desqualificação decorrente de processo judicial.

7. Reforça-se, por fim, que o **artigo 21 do Decreto 9.190/2017** previu também a "desqualificação" por encerramento do contrato de gestão – es-

pécie de "desqualificação" por decurso de prazo, sem caráter sancionatório, portanto.

CAPÍTULO II
Das disposições finais e transitórias

Art. 17. A organização social fará publicar, no prazo máximo de **noventa dias contado da assinatura do contrato de gestão, regulamento próprio** contendo os procedimentos que adotará para a **contratação de obras e serviços**, bem como para **compras com emprego de recursos provenientes do Poder Público.**

1. Embora as OSs **não estejam submetidas**, para o estabelecimento de suas relações jurídicas com a própria Administração Pública e com terceiros, **à Lei 8.666/93** (Lei de Licitações), o art. 17 da LOS prevê a necessidade da edição de um "**regulamento próprio**" para disciplinar, *especificamente*, suas "**contratações de obras e serviços**" e **"compras"** com emprego de recursos públicos.

2. Na verdade, o art. 17 da LOS se insere no contexto da *interpretação conforme à Constituição* reconhecida pelo STF no julgamento da ADI 1923. Isso porque, como é intuitivo, esse **regulamento próprio** é editado exatamente, para que se observem, no âmbito da OS, os princípios constitucionais da *impessoalidade*, da *publicidade* e da *moralidade*, adotando-se, assim, *critérios objetivos* para o estabelecimento das relações jurídicas entre a OS e terceiros.

Art. 18. A organização social que absorver atividades de **entidade federal extinta** no âmbito da **área de saúde** deverá considerar no contrato de gestão, quanto ao atendimento da comunidade, os **princípios do Sistema Único de Saúde**, expressos no art. 198 da Constituição Federal e no art. 7º da Lei nº 8.080, de 19 de setembro de 1990.

1. Este dispositivo apresenta uma obviedade: nada mais natural que uma OS que assuma serviços públicos de saúde observe os princípios do SUS.

Art. 19. As entidades que absorverem atividades de **rádio** e **televisão educativa** poderão receber recursos e veicular publicidade institucional de entidades de direito público ou privado, a título de apoio cultural, admitindo-se o patrocínio de programas, eventos e projetos, **vedada a veiculação remunerada de anúncios e outras práticas que configurem comercialização de seus intervalos.**

1 O art. 19 trata, em tese, da *extinção de pessoas jurídicas criadas pela Administração Pública para as atividades de rádio e televisão educativa* e o trespasse de suas atividades a OSs. Na verdade, a LOS especialmente se preocupou com esse tipo de atividade, porquanto, em seu próprio texto (veja-se, abaixo, o art. 21), extinguiu a **Fundação Roquette Pinto,** pessoa administrativa federal criada em 1991 e na qual haviam sido reunidos, à época, todos os meios de comunicação social que estavam a cargo do Ministério da Educação e Cultura.

2. Nesse contexto de OS voltada à comunicação social, toda a atividade de **publicidade** e **patrocínio** deve ser realizada sem qualquer finalidade lucrativa (doutra sorte estaria desvirtuada a própria natureza da OS). Por isso que o dispositivo legal em questão menciona **publicidade institucional** e **apoio cultural.**

3. O art. 19 da LOS foi regulamentado por meio do Decreto n. 5396/2005:

> "Art. 1º As organizações sociais que exercem atividades de rádio e televisão educativa podem receber recursos e veicular publicidade institucional de entidades de direito público ou privado a título de:
>
> "I – apoio cultural à organização social, seus programas, eventos ou projetos; e
>
> "II – patrocínio de programas, eventos ou projetos.
>
> "Art. 2º A publicidade institucional poderá ser veiculada nos intervalos de programas, eventos ou projetos, bem assim nos intervalos da programação, conforme o que for estabelecido em prévio ajuste entre o patrocinador e o patrocinado.
>
> "Art. 3º No caso de apoio cultural a determinados programas, eventos ou projetos, é facultada a indicação da entidade apoiadora no seu início ou fim.
>
> "Art. 4º O patrocínio poderá estar vinculado a um determinado programa ou a uma programação como um todo, a um determinado evento ou projeto ou a um conjunto de eventos ou projetos.

"Parágrafo único. O patrocínio de programas, eventos ou projetos permite, conforme prévio ajuste entre o patrocinador e o patrocinado, a divulgação de produtos, serviços ou da imagem do patrocinador no seu início, fim ou intervalos, bem como nos intervalos da programação ou de outros eventos ou projetos, desde que inserida nos seus respectivos anúncios.

"Art. 5º É vedada, nos termos do parágrafo único do art. 1º do Decreto n.º 4.799, de 4 de agosto de 2003, a publicidade institucional de entidades de direito público que, direta ou indiretamente, caracterize promoção pessoal de autoridade, servidor público, empregado público ou ocupante de cargo em comissão.

"Art. 6º É vedada às organizações sociais que exercem atividades de rádio e televisão educativa a veiculação remunerada de anúncios ou outras práticas que configurem comercialização de seus intervalos.

"Art. 7º A publicidade institucional veiculada por organizações sociais que exercem atividades de rádio e televisão educativa deverá observar o atendimento, exclusivamente, da finalidade social da atividade educativa e cultural da organização.

"Art. 8º Este Decreto entra em vigor na data de sua publicação.

"Brasília, 21 de março de 2005; 184o da Independência e 117o da República.

"LUIZ INÁCIO LULA DA SILVA

"Luiz Gushiken"

Art. 20. Será criado, mediante **decreto** do Poder Executivo, o **Programa Nacional de Publicização** – PNP, com o objetivo de estabelecer diretrizes e critérios para a qualificação de organizações sociais, a fim de assegurar a **absorção de atividades desenvolvidas por entidades ou órgãos públicos da União**, que atuem nas atividades referidas no art. 1º, por organizações sociais, qualificadas na forma desta Lei, observadas as seguintes diretrizes:

I – ênfase no atendimento do cidadão-cliente;

II – ênfase nos resultados, qualitativos e quantitativos nos prazos pactuados;

III – controle social das ações de forma transparente.

1. O "Programa Nacional de Publicização" (PNP), como já comentado, é um dos pontos mais controvertidos da LOS, exatamente por ter por escopo a extinção de autarquias e fundações federais – ou mesmo de órgãos públicos – e o repasse de suas atividades a OS.

2. Quase vinte anos após a entrada em vigor da LOS, finalmente foi editado um decreto para criar o PNP, o Decreto 9.190/2017. Em razão de sua novidade e relevância, o decreto em questão será incluído na presente obra, sendo comentado logo adiante.

3. De qualquer sorte, registra-se desde já que a **extinção** de qualquer **autarquia federal** somente pode ser levada a efeito por **lei específica,** por questão de simetria decorrente do art. 37, XIX, da CRFB. Pensando-se em uma **fundação** cuja criação, a teor do mesmo dispositivo constitucional, tenha sido levada a efeito por ato administrativo precedido de autorização legislativa, pode-se admitir, também por questão de simetria, sua extinção por **decreto**.

Art. 21. São extintos o **Laboratório Nacional de Luz Síncrotron**, integrante da estrutura do Conselho Nacional de Desenvolvimento Científico e Tecnológico – CNPq, e a **Fundação Roquette Pinto**, entidade vinculada à Presidência da República.

1. Sobre o **Laboratório Nacional de Luz Síncroton:**

> "O Laboratório Nacional de Luz Síncrotron (LNLS) é uma instituição aberta, multidisciplinar e multiusuários, vinculado ao Centro Nacional de Pesquisa em Energia e Materiais (CNPEM) e operado pela Associação Brasileira de Tecnologia de Luz Síncrotron (ABTLus) por meio de contrato de gestão com o Ministério da Ciência e Tecnologia (MCT).
>
> "O LNLS abriga a única Fonte de Luz Síncrotron da América Latina, um conjunto de instrumentações científicas que permite a aplicação de raios-X e raio ultravioleta em estudos de materiais e o Centro de Nanociências e Nanotecnologia Cesar Lattes (C2Nano).
>
> "Utilizado pela comunidade científica e tecnológica, esse complexo de pesquisa tem contribuído para o avanço do conhecimento em áreas estratégicas como nanociência, materiais avançados, fármacos e energias alternativas, e para a formação de recursos humanos, desde o nível de iniciação científica até o pós-doutorado.
>
> "Os pesquisadores interessados em utilizar os equipamentos do LNLS devem submeter suas propostas a comitês científicos de cada um dos laboratórios."[1]

1. Extraído de: http://www.lnls.br/sLista-1/O-LNLS.aspx. Acesso em 14/11/2011.

O LNLS, na verdade, originalmente era apenas um **órgão** integrante do CNPq. Hoje, as atividades do laboratório não estão mais sob a gestão daquele conselho, mas da OS criada para tanto – a ABTLus.

2. Sobre a **Fundação Roquette Pinto**:

> "A Fundação Roquette Pinto é uma extinta fundação do governo federal do Brasil – é um meio de comunicação social, caracterizado como um instrumento de prestação de serviços à comunidade, voltado para Educação e Cultura. Foi sucedida pela ACERP em 1998 e substituída pela EBC em 2007.
>
> "A Fundação Roquette Pinto foi criada em 1991, homenageando o pai da radiodifusão brasileira Roquette Pinto, reunindo todos os veículos de comunicação do Ministério da Educação e da Cultura, na época, estavam sob a tutela desse ministério: a TVE do Rio de Janeiro e do Maranhão e dos canais de rádio (Rádio MEC) no Rio de Janeiro e um em Brasília. Até este ano, cada veículo era administrado isoladamente, não havia um órgão central e cada emissora operava sua programação separadamente.
>
> "**ACERP**
>
> "Sem uma política de comunicação bem definida, as sucessivas mudanças de presidência na fundação, e total falta de responsabilidade fiscal por parte dos diretores, a Fundação Roquete Pinto quebra financeiramente, com dívidas superiores a R$ 34 milhões. O Governo Federal muda radicalmente a forma de administrar os canais extinguindo a Fundação Roquette Pinto, ligado até então, ao Ministério da Educação e Cultura e criando a ACERP, em 23 de Abril de 1998, em uma polêmica mudança. A medida provisória nº. 1648-7 extingue a Fundação Roquette-Pinto, que passa a ser qualificada como a Organização Social ACERP (Associação de Comunicação Educativa Roquette-Pinto), assumindo seus funcionários, bens e concessões.
>
> "**EBC**
>
> "A ACERP foi extinta e seus servidores, bens e concessões repassados a Empresa Brasil de Comunicação, criada, por meio de decreto publicado no Diário Oficial da União, em 25 de outubro de 2007. A empresa nasceu da fusão dos patrimônios da Empresa Brasileira de Comunicação (Radiobrás) e da Associação de Comunicação Educativa Roquette Pinto (Acerp). A EBC é vinculado à Secretaria de Comunicação Social da Presidência da República."[2]

2. Extraído de: http://pt.wikipedia.org/wiki/Funda%C3%A7%C3%A3o_Roquette_Pinto. Acesso em 14/11/2011.

Como se pode ver, *sequer a OS que sucedeu a* ***Fundação Roquette Pinto*** *subsiste*. Hoje, seu acervo patrimonial e suas atividades estão a cargo de empresa pública federal (**Empresa Brasil de Comunicação – EBC**).

► **Jurisprudência do Tribunal Regional Federal da 2ª Região:**

> "TRIBUTÁRIO – ORGANIZAÇÃO SOCIAL – LEI Nº 9637/98 – IMUNIDADE – COMPETÊNCIA – ART. 150,VI 'C' E ART. 195, § 7º DA CRFB/88 – ART. 14 DO CTN – IMPOSTOS FEDERAIS, ESTADUAIS E MUNICIPAIS – CONTRIBUIÇÕES PARA A SEGURIDADE SOCIAL. O reconhecimento da imunidade de exações devidas ao Estado e Município não pode ser pronunciado pela Justiça Federal em razão da competência da Justiça Federal se encontrar exaustivamente elencada na Constituição da República. Cumpre referir que não se trata no caso de matéria relativa a desembaraço aduaneiro de produto e sim sobre o reconhecimento, ou não, de imunidade à Autora. A **Autora, organização social, devidamente reconhecida juridicamente como tal, absorveu as atividades desempenhadas pela Fundação Roquette Pinto, que foi extinta pela Lei nº 9637/98**, que dispôs sobre a qualificação de entidades como organizações sociais e a criação do Programa Nacional de Publicização, dentre outras matérias. É público e notório que a Autora desempenha a difusão de cultura e educação, sendo indiscutível que veicula e difunde, de forma inquestionável, conhecimento, contribuindo, assim, para a formação e difusão do ensino. O conceito de entidade de ensino, para fins de imunidade, não deve ser restrito à entidade que se dedica a transmitir conhecimento numa sala de aula. Há de ser abrangente, de forma que a Autora, de forma incontroverso, cumpre tal missão. Os requisitos infra-constitucionais encontrados no art. 14 do CTN para o gozo da imunidade encontram-se cumpridos a partir do momento que é o próprio Poder Público que reconhece a Autora como organização social. Assim, faz jus a Autora à imunidade estabelecida a nível de impostos estabelecida no art. 150, VI da CRFB/88. No que se refere à imunidade prevista para a contribuição para a seguridade social prevista no art. 195, § 7º da CRFB/88, não se vislumbra como uma pessoa jurídica de direito privado que se destina à difusão de conhecimento poderia ser beneficente, condição que estabeleceu o Constituinte Originário para concessão da isenção (leia-se imunidade) estabelecida no artigo em questão. **Remessa necessária e Apelação da União Federal / Fazenda Nacional parcialmente providas, afastando o Estado e Município do Rio de Janeiro do feito, declarando a imunidade apenas dos impostos federais, nos termos e períodos discutidos na presente ação.**" (AC 200551010149700, Desembargadora Federal TANIA HEINE, TRF2 – TERCEIRA TURMA ESPECIALIZADA, DJU – Data: 15/10/2008 – Página: 72.)

– Esse julgado do TRF2 reconheceu imunidade tributária, em relação aos *impostos federais*, da OS que sucedeu a Fundação Roquette Pinto. Quanto aos impostos municipais e estaduais, foi afirmada a incompetência da Justiça Federal para o reconhecimento da imunidade. *Não se trata, perceba-se de imunidade decorrente da qualificação como OS* (o que, com efeito, inexiste), *mas de cumprimento dos requisitos constitucionais e infraconstitucionais para obtenção do benefício fiscal.*

§ 1º Competirá ao Ministério da Administração Federal e Reforma do Estado supervisionar o processo de inventário do Laboratório Nacional de Luz Síncrotron, a cargo do Conselho Nacional de Desenvolvimento Científico e Tecnológico - CNPq, cabendo-lhe realizá-lo para a Fundação Roquette Pinto.

§ 2º No curso do processo de inventário da Fundação Roquette Pinto e até a assinatura do contrato de gestão, a continuidade das atividades sociais ficará sob a supervisão da Secretaria de Comunicação Social da Presidência da República.

§ 3º É o Poder Executivo autorizado a qualificar como organizações sociais, nos termos desta Lei, as pessoas jurídicas de direito privado indicadas no **Anexo I**, bem assim a permitir a absorção de atividades desempenhadas pelas entidades extintas por este artigo.

§ 4º Os **processos judiciais** em que a **Fundação Roquette Pinto** seja parte, ativa ou passivamente, serão **transferidos para a União**, na qualidade de sucessora, sendo representada pela Advocacia-Geral da União.

1. Trata-se, como se percebe, de regras de transição decorrentes da extinção das pessoas jurídicas mencionadas no art. 20 e a assunção de suas atividades pelas entidades previstas no Anexo I da LOS, cuja qualificação como OSs foi de plano autorizada pela própria lei ao Poder Executivo federal.

2. A regra do § 4º, obviamente, diz respeito ao **passivo de ações judiciais** deixado pela Fundação Roquette Pinto, já propostas ou ainda a serem propostas, desde que a relação jurídica tenha sido estabelecida pela fundação. Obviamente que, *pelas relações jurídicas que foram estabelecidas pela OS que a sucedeu, responde a própria pessoa jurídica de direito privado, e não a União.*

Art. 22. As extinções e a absorção de atividades e serviços por organizações sociais de que trata esta Lei observarão os seguintes preceitos:

I – os **servidores** integrantes dos quadros permanentes dos órgãos e das entidades extintos terão garantidos todos os **direitos e vantagens** decorrentes do respectivo cargo ou emprego e integrarão **quadro em extinção** nos órgãos ou nas entidades indicados no **Anexo II**, sendo facultada aos órgãos e entidades supervisoras, ao seu critério exclusivo, a cessão de servidor, irrecusável para este, com ônus para a origem, à organização social que vier a absorver as correspondentes atividades, observados os §§ 1º e 2º do art. 14;

II – a **desativação das unidades extintas** será realizada mediante **inventário** de seus bens imóveis e de seu acervo físico, documental e material, bem como dos contratos e convênios, com a adoção de providências dirigidas à manutenção e ao prosseguimento das atividades sociais a cargo dessas unidades, nos termos da legislação aplicável em cada caso;

III – os recursos e as receitas orçamentárias de qualquer natureza, destinados às unidades extintas, serão utilizados no processo de inventário e para a manutenção e o financiamento das atividades sociais até a assinatura do contrato de gestão;

IV – quando necessário, parcela dos recursos orçamentários poderá ser reprogramada, mediante crédito especial a ser enviado ao Congresso Nacional, para o órgão ou entidade supervisora dos contratos de gestão, para o fomento das atividades sociais, assegurada a liberação periódica do respectivo desembolso financeiro para a organização social;

V – encerrados os processos de inventário, **os cargos efetivos vagos** e os **em comissão** serão considerados extintos;

VI – a organização social que tiver absorvido as atribuições das unidades extintas poderá adotar os símbolos designativos destes, seguidos da identificação "OS".

§ 1º A absorção pelas organizações sociais das atividades das unidades extintas efetivar-se-á mediante a celebração de contrato de gestão, na forma dos arts. 6º e 7º.

§ 2º Poderá ser adicionada às dotações orçamentárias referidas no inciso IV parcela dos recursos decorrentes da economia de despesa incorrida pela União com os cargos e funções comissionados existentes nas unidades extintas.

1. Os incisos e §§ do art. 22 disciplinam, igualmente, a transição das atividades das pessoas jurídicas extintas (art. 21 e Anexo I) às OSs que lhe vieram a suceder.

2. Extinto o órgão ou a pessoa jurídica, os seus servidores ou empregados públicos passarão a integrar **quadro em extinção**. Isso significa dizer que, enquanto **o cargo ou emprego estiver provido**, ele permanecerá vinculado à Administração. **Vagando o cargo ou emprego** (*v.g.*, por exoneração, demissão ou aposentadoria do servidor que o ocupa), este é automaticamente considerado **extinto.**

3. Na hipótese de extinção de pessoa administrativa ou órgão federais, **a cessão do servidor público** à OS que assumir as atividades respectivas é **potestade** da Administração, o que significa dizer que **não pode ser recusada pelo servidor.** Garante-se a este, contudo (e nem poderia ser diferente, por ser a *irredutibilidade de vencimentos* verdadeiro direito fundamental do servidor público, a teor do art. 37, XV, da CRFB), os "direitos e vantagens" de seu cargo. De qualquer forma, como também já anotado, a remuneração do servidor será paga pela Administração federal.

Art. 23. É o Poder Executivo autorizado a ceder os bens e os servidores da Fundação Roquette Pinto no Estado do **Maranhão** ao **Governo daquele Estado.**

1. O art. 23, presente desde o texto original da LOS, trata da possibilidade de que os servidores da extinta **Fundação Roquette Pinto** no **Estado do Maranhão** sejam cedidos ao Poder Executivo daquele Estado.

Art. 23-A. Os servidores oriundos da **extinta Fundação Roquette Pinto** e do **extinto Território Federal de Fernando de Noronha** poderão ser redistribuídos ou cedidos para órgãos e entidades da Administração Pública Federal, independentemente do disposto no inciso II do art. 37 e no inciso I do art. 93 da Lei nº 8.112, de 11 de dezembro de 1990, assegurados todos os direitos e vantagens, inclusive o pagamento de gratificação de desempenho ou de produtividade, sem alteração de cargo ou de tabela remuneratória. (Incluído pela Lei n. 12.269, de 2010, conversão da Medida Provisória n. 479, de 2009)

Parágrafo único. As disposições do caput aplicam-se aos servidores que se encontram cedidos nos termos do inciso I do art. 22 e do art. 23 desta Lei. (Incluído pela Lei n. 12.269, de 2010, conversão da Medida Provisória n. 479, de 2009)

1. Já o art. 23-A, adendo introduzido em 2009, a par de tratar dos ex-servidores da aludida fundação, disciplina ainda os servidores do **extinto território de Fernando de Noronha** (*matéria sem qualquer pertinência com a LOS, perceba-se*). Na verdade, o que o legislador federal, em 2009, quis foi apenas explicitar que, seja dos servidores federais oriundos da extinta fundação, seja daqueles oriundos do extinto Território, é possível sua *redistribuição* ou *cessão* para órgãos (*Administração Publica federal direta*) ou entidades (*Administração Pública federal indireta*), sem que isso implique violação à exigência constitucional de concurso público (art. 37, II, da CRFB) ou da regra que prevê a cessão para exercício de cargo comissionado ou função de confiança (art. 93, I, da Lei n. 8.112/90).

Art. 24. São convalidados os atos praticados com base na **Medida Provisória n º 1.648-7**, de 23 de abril de 1998.

1. Trata-se da medida provisória que foi convertida na LOS.

Art. 25. Esta Lei entra em vigor na data de sua publicação.

Brasília, 15 de maio de 1998; 177º da Independência e 110º da República.

FERNANDO HENRIQUE CARDOSO

Pedro Malan

Paulo Paiva

José Israel Vargas

Luiz Carlos Bresser Pereira

Clovis de Barros Carvalho

Anexo I

ÓRGÃO E ENTIDADE EXTINTOS	ENTIDADE AUTORIZADA A SER QUALIFICADA	REGISTRO CARTORIAL
Laboratório Nacional de Luz Síncrotron	Associação Brasileira de Tecnologia de Luz Síncrotron – ABTLus	Primeiro Ofício de Registro de Títulos e Documentos da Cidade de Campinas – SP, nº de ordem 169367, averbado na inscrição nº 10.814, Livro A-36, Fls 01.
Fundação Roquette Pinto	Associação de Comunicação Educativa Roquette Pinto – ACERP	Registro Civil das Pessoas Jurídicas, Av. Pres. Roosevelt, 126, Rio de Janeiro – RJ, apontado sob o nº de ordem 624205 do protocolo do Livro A nº 54, registrado sob o nº de ordem 161374 do Livro A nº 39 do Registro Civil das Pessoas Jurídicas.

Anexo II

ÓRGÃO E ENTIDADE EXTINTOS	QUADRO EM EXTINÇÃO
Laboratório Nacional de Luz Síncrotron	Conselho Nacional de Desenvolvimento Científico e Tecnológico – CNPq
Fundação Roquette Pinto	Ministério da Administração Federal e Reforma do Estado

Decreto nº 9.190, de 1º de novembro de 2017

Regulamenta o disposto no art. 20 da Lei nº 9.637, de 15 de maio de 1998.

O PRESIDENTE DA REPÚBLICA, no uso da atribuição que lhe confere o art. 84, **caput**, inciso IV, da Constituição, e tendo em vista o disposto no art. 20 da Lei nº 9.637, de 15 de maio de 1998,

DECRETA:

1. Quase vinte anos após a entrada em vigor da LOS, foi editado o decreto que criou o Programa Nacional de Publicização (PNP), previsto em seu artigo 20.

2. Por um lado, pode-se entender que o PNP demorou a ser criado em razão do questionamento da constitucionalidade da LOS perante o STF. Lembre-se que o julgamento da ADI 1923 foi concluído em 16.04.2015, tendo sido publicado o acórdão apenas em dezembro daquele mesmo ano. Sobre isso, veja-se novamente o item **5.1** da Introdução.

3. Convém relembrar também que o Relator da ADI, o Min. Aytes Britto, votou pelo reconhecimento da inconstitucionalidade do PNP. Assim, embora essa tese não tenha, ao final, prevalecido no Supremo, de fato seria mais prudente aguardar a conclusão do julgamento daquela ação.

4. Acrescenta-se que seria pouco provável que uma medida de tamanha repercussão fosse adotada no ano seguinte ao julgamento da ADI, marcado que foi por instabilidades política e econômica de tal monta que levaram ao impeachment da Presidente da República.

5. Por outro lado, embora os fatos políticos de 2016 não interessem diretamente a esta obra, não se pode desconsiderar que a grave crise econômica que assolou o País, decorrente da política intervencionista e expansionista praticado pelo Partido dos Trabalhadores durante três mandatos

presidenciais e meio,[1] reclamou a adoção de uma política fiscal austera por parte do governo – goste-se disso ou não.

6. Assim, é perfeitamente compreensível que, após a certificação acerca da segurança jurídica – constitucionalidade – da figura (conclusão do julgamento da ADI 1923) em 2015, e após a superação da crise política no ano seguinte (2016), o PNP viesse a ser editado como forma de reação à própria crise econômica que deu origem àquela crise política, diminuindo a estrutura da Administração Pública, e de estabelecer um regime maior de parceria com a iniciativa privada – terceiro setor – para o desenvolvimento de serviços públicos não exclusivos.

7. Lembre-se, a propósito, que a Emenda Constitucional 95/2016 congelou os gastos públicos federais por 20 anos. Dessa maneira, o fomento do terceiro setor e o estabelecimento de parcerias com a iniciativa privada torna-se uma forma prioritária de atendimento aos serviços públicos sociais. Considerando-se todos esses fatores, parece ser compreensível tanto a demora na criação do PNP quanto o momento político-econômico no qual a figura finalmente veio à luz.

8. Para um maior aprofundamento do problema sob os aspectos vista político-econômicos (já que, após o julgamento da ADI 1923, parece não haver nenhum problema do ponto de vista jurídico), remete-se item **1** da Introdução, especialmente sua parte final.

CAPÍTULO I
DO PROGRAMA NACIONAL DE PUBLICIZAÇÃO

Art. 1º O Programa Nacional de Publicização - PNP, destinado à absorção de atividades desenvolvidas por entidades ou órgãos da União pelas organizações sociais qualificadas conforme o disposto na Lei nº 9.637, de 15 de maio de 1998 e neste Decreto, será implementado de acordo com as **seguintes diretrizes**:

I – alinhamento aos princípios e aos objetivos estratégicos da política pública correspondente, respeitadas as especificidades de regulação do setor;

1 O que está por trás desta afirmação são os postulados teóricos da Escola Austríaca de Economia, mas trata-se de assunto que foge ao objeto restrito do livro. Caso alguém considere a afirmação muito contundente, pode deixar de lado o motivo e concentrar-se, apenas, no fato (a crise econômica em si), que o raciocínio apresentado no texto não é em nada prejudicado.

1. Confira-se o **artigo 2º deste Decreto**.

II – ênfase no atendimento ao cliente-cidadão;

III – ênfase nos resultados qualitativos e quantitativos, nos prazos pactuados; e

IV – controle social das ações de forma transparente.

Parágrafo único. A qualificação de entidades privadas sem fins lucrativos como organizações sociais **tem por objetivo o estabelecimento de parcerias de longo prazo**, com vistas à prestação, de forma contínua, de serviços de interesse público à comunidade beneficiária.

1. Como mencionado no item **4.5** da Introdução e nos comentários a cada uma das leis, uma diferença básica entre OSs e OSCPs é que a celebração do contrato de gestão, com as primeiras, é obrigatório, ao passo que o estabelecimento de termo de parceria, com as segundas é facultativo.

2. Ou seja, uma pessoa jurídica de direito privado é qualificada como OS especificamente para que com ela seja celebrado contrato de gestão. É isso que está por trás do **parágrafo único do artigo 1º do Decreto 9.190/2017**.

Seção I
Das diretrizes para qualificação de organizações sociais

Art. 2º Poderão ser **qualificadas** como organizações sociais pessoas jurídicas de direito privado, sem fins lucrativos, cujas atividades sejam dirigidas ao ensino, à pesquisa científica, ao desenvolvimento tecnológico, à proteção e à preservação do meio ambiente, à cultura e à saúde, atendidos os requisitos legais, as diretrizes de políticas públicas setoriais, as determinações e os critérios estabelecidos neste Decreto.

1. Este dispositivo repete, no que diz respeito às atividades desenvolvidas por entidades que podem ser qualificadas como OS, o teor do **artigo 1º da LOS**.

2. Acrescenta, no entanto, que além dos "requisitos legais" (presumivelmente remetendo à LOS), a qualificação de uma pessoa jurídica de direito privado como OS depende do atendimento às "diretrizes de políticas públicas setoriais", o que remete ao **inciso I do artigo 1º deste Decreto**.

3. E além disso, obviamente, afirma que a qualificação depende da observância das "determinações" e dos "critérios estabelecidos neste Decreto." Nesse sentido, é evidente que, sob pena de manifesta ilegalidade, o Decreto não pode criar restrições ou estabelecer obrigações que sejam incompatíveis com LOS. O objetivo de um decreto é sempre regulamentar uma lei. Ao regulamentar a lei, o decreto pode especificar obrigações e restrições a partir da moldura básica prevista na lei, como forma de aumentar as especificidades constantes na disciplina legal, mas jamais pode ir além dela.

4. Portanto, é importante que, ao considerarmos o teor deste Decreto, tenhamos sempre presente o conteúdo da LOS.

Art. 3º **É vedada** a qualificação de organizações sociais para desenvolvimento de atividades:

I - exclusivas de Estado;

II - de apoio técnico e administrativo à administração pública federal; e

III - de fornecimento de instalação, bens, equipamentos ou execução de obra pública em favor da administração pública federal.

1. Como é possível perceber, este dispositivo tem o objetivo de deixar claro que a qualificação de uma pessoa jurídica de direito privado como OS e o consequente estabelecimento de contrato de gestão não pode servir para que a Administração Pública deixe de prestar um serviço público cuja responsabilidade constitucional é exclusiva sua (**inciso I**), que burle a regra constitucional de contratação de pessoal por concurso público (**inciso II**) ou, ainda, que escape ao regime de licitações para o fornecimento de produtos ou a realização de obras públicas (**inciso III**).

Art. 4º O atendimento aos requisitos estabelecidos no art. 2º, art. 3º e art. 4º da Lei nº 9.637, de 1998, é condição indispensável à qualificação de entidade privada como organização social, cujos documentos probatórios serão apresentados ao órgão supervisor ou à entidade supervisora no ato da inscrição da entidade privada postulante.

§ 1º A entidade privada poderá entregar de forma provisória, no ato da inscrição, declaração que contenha o compromisso de apresentar os documentos exigidos para a qualificação como organização social, acompanhada da

Ata da Assembleia que aprovou a emissão da declaração, nos termos estabelecidos nos art. 2º, art. 3º e art. 4º da Lei nº 9.637, de 1998, sem prejuízo das sanções previstas em lei. (Incluído pelo Decreto nº 9.469, de 2018)

§ 2º A entidade privada que optar pelo procedimento previsto no § 1º entregará os documentos probatórios no prazo de quarenta e cinco dias, contado da publicação da decisão final de seleção. (Incluído pelo Decreto nº 9.469, de 2018)

§ 3º A entidade privada somente poderá ser qualificada como organização social após apresentar a documentação comprobatória hábil, conforme o disposto nos art. 2º, art. 3º e art. 4º da Lei nº 9.637, de 1998. (Incluído pelo Decreto nº 9.469, de 2018)

§ 4º A entidade privada será desclassificada na hipótese de descumprimento do prazo de que trata o § 2º. (Incluído pelo Decreto nº 9.469, de 2018)

1. Os §§ 1º a 4º, incluídos pelo Decreto 9.469/2018, estabelecem a possibilidade de uma "habilitação provisória" da entidade privada. Estabelece-se um prazo de 45 dias, contados da publicação da decisão final de seleção, para sejam entregues toda a documentação exigida para a qualificação. Se este prazo não fora atendido, a entidade será desqualificada.

2. Apenas para rememorar, o **artigo 2º da LOS** trata dos requisitos relativos ao **ato constitutivo** da entidade qualificada (**inciso I**), e da aprovação ministerial prévia (**inciso II**), a qual não deve ser confundida com o ato de qualificação propriamente dito (que é de competência do Chefe do Poder Executivo); o **artigo 3º da LOS** trata dos requisitos relativos ao **conselho de administração,** e o **artigo 4ª da LOS** dos requisitos relativos ao **conselho de gestão** da entidade.

Art. 5º A qualificação de organização social obedecerá às seguintes diretrizes:

I – o processo de qualificação vinculará as partes à assinatura do contrato de gestão;

1. Aqui, reforça-se que uma entidade somente é qualificada como OS para que, necessariamente, seja celebrado o contrato de gestão.

II – o objeto social da entidade, definido em seu estatuto, será aderente à atividade a ser publicizada;

1. O Decreto trabalha com uma terminologia própria no que diz respeito à identificação do serviço público objeto do contrato de gestão e a atividade da OS: "aderência." Trata-se de questão puramente semântica, uma vez que não há a introdução de nenhuma ideia nova. A lógica permanece sendo a de que as atividades desenvolvidas pela entidade sejam "dirigidas" àqueles serviços previsto no **artigo 1º da LOS**.

III – os órgãos e as entidades públicos representados no Conselho de Administração da entidade privada serão aqueles diretamente responsáveis pela supervisão, pelo financiamento e pelo controle da atividade; e

1. O **artigo 12 da LOS** estabelece a possibilidade de que sejam destinados "recursos orçamentários" à OS. Aqui se esclarece que a responsabilidade direta pelo financiamento – e também pelo controle – das atividades será responsabilidade direta dos órgãos e entidades públicos representados no conselho de administração da OS.

IV - os representantes da sociedade civil no Conselho de Administração serão escolhidos no âmbito da comunidade beneficiária dos serviços prestados pela organização social e atenderão aos requisitos de notória capacidade profissional e idoneidade moral.

Art. 6º O processo de qualificação de entidade privada sem fins lucrativos como organização social compreende as seguintes fases:

I - decisão de publicização;

II - seleção da entidade privada;

III - publicação do ato de qualificação; e

IV - celebração do contrato de gestão.

1. Aqui está uma grande novidade do **Decreto 9.190/2017**. O "processo de qualificação" de uma entidade privada como OS ainda não havia sido regulamentado. Agora, este processo observará as **quatro fases** mencionadas nos incisos deste artigo, regulamentadas nos **artigos 7º a 17** deste Decreto.

Seção II
Da decisão de publicização

> **Art. 7º** A **proposta de publicização** das atividades de que trata o art. 1º da Lei nº 9.637, de 1998, será encaminhada pelo Ministro de Estado supervisor da área ao Ministério do Planejamento, Desenvolvimento e Gestão, devidamente justificada, e explicitará as razões que fundamentam **a conveniência e a oportunidade** da opção pelo modelo das organizações sociais, observado o disposto no **art. 4º do Decreto nº 6.944, de 21 de agosto de 2009**.

1.1. Uma das principais críticas que foram feitas ao longo do tempo à ideia de um "Programa Nacional de Publicização" é o de que a "publicização" seria uma "privatização às avessas": uma forma de o Estado privatizar atividades que ele deve desempenhar. Esse argumento pode ser encontrado, por exemplo, na petição inicial da ADI 1923.

1.2. Há, claramente dois fatores por trás dessa crítica: do ponto de vista filosófico, coletivismo e utilitarismo; do ponto de vista técnico, um **equívoco**.

1.3. O equívoco técnico desta crítica que confunde privatização com publicização está demonstrado no item **1** da Introdução que explica qual o contexto de aplicação de cada um dos vocábulos ("privatização" X "publicização"). O problema político-filosófico também foi abordado no item **1** da Introdução, especialmente em sua parte final.

2. O processo de qualificação de uma OS inicia com aquilo que é chamado de "decisão de publicização". Trata-se de um ato a ser praticado em conjunto pelo Ministro supervisor da área relativa ao serviço público que será objeto de contrato de gestão e do Ministro do Planejamento (**§ 2º** deste artigo).

3. Mas esta "decisão de publicização", que dá início ao processo de qualificação, deve ser, ela mesma, provocada. Para tanto, a iniciativa será do Ministro supervisor da área, que deve apresentar uma "proposta de publicização" ao Ministro do Planejamento.

4. Esta proposta deverá conter, obviamente, os motivos que fundamentam a **conveniência e oportunidade** da "publicização" da atividade. Quer dizer, que o serviço público deixe de ser prestado de forma direta pela União e passe a ser prestado por organização social, em regime de parceria com a Administração Pública federal a ser estabelecido por meio do contrato de gestão que será, necessariamente, celebrado ao final do processo de qualificação.

5. Os requisitos de fundamentação da "decisão de publicização" são encontrados no **§ 1º** deste artigo, e a competência conjunta do Ministro do Planejamento com o Ministro "supervisor" para a decisão de publicização está no **§ 2º**.

> § 1º A fundamentação de que trata o **caput** conterá todas as informações pertinentes à tomada de decisão, entre as quais:
>
> I – a descrição das atividades;
>
> II – a análise e a caracterização da comunidade beneficiária das atividades e a definição dos órgãos e das entidades públicos responsáveis pela supervisão e pelo financiamento da organização social;
>
> III – os objetivos em termos de melhoria para o cidadão-cliente na prestação dos serviços com a adoção do modelo de organização social;
>
> IV – a demonstração, em termos do custo-benefício esperado, da absorção da atividade por organização social, em substituição à atuação direta do Estado, considerados os impactos esperados a curto, médio e longo prazo;

1. O **inciso IV**, em especial, demonstra que a publicização de determinada atividade envolve um cálculo econômico; pressupõe-se a demonstração de que a prestação do serviço por OS seja mais eficaz e economicamente mais vantajosa do que sua prestação diretamente pelo Estado.

> V – as informações sobre cargos, funções, gratificações, recursos orçamentários e físicos que serão desmobilizados, quando a decisão implicar em extinção de órgão, entidade ou unidade administrativa da administração pública federal responsável pelo desenvolvimento das atividades;
>
> VI – análise quantitativa e qualitativa dos profissionais atualmente envolvidos com a execução da atividade, com vistas ao aproveitamento em outra atividade ou à cessão para a entidade privada selecionada;
>
> VII – previsão de eventual cessão de imóveis e de outros bens materiais; e
>
> VIII – a estimativa de recursos financeiros para o desenvolvimento da atividade durante o primeiro exercício de vigência do contrato de gestão e para os três exercícios subsequentes.

1. O contrato de gestão pode prever a cessão de bens públicos e de servidores públicos para a OS. Isso é encontrado no **artigo 13 da LOS**. Igualmente, serão destinados recursos orçamentários à OS, previsão encontrada no **artigo 12 da LOS**. Os incisos **VI a VIII**, em especial, tratam dessas hipóteses.

§ 2º A decisão da publicização será efetuada em ato conjunto do Ministro de Estado supervisor e do Ministro de Estado do Planejamento, Desenvolvimento e Gestão, e se for o caso, com anuência da autoridade supervisora, e publicada no Diário Oficial da União.

1. Além do Ministro "supervisor" e do Ministro do Planejamento, a efetiva tomada da decisão de publicização, que encerra esta primeira fase do processo administrativo que irá culminar com a celebração do contrato de gestão, poderá ser assinado pela autoridade designada especificamente para supervisionar as atividades da OS.

Seção III
Da seleção da entidade

1. Dentro do processo de qualificação, como parte integrante deste, faz-se necessária a seleção da entidade que será qualificada como OS. Esta subdivisão do processo principal pode ser compreendida, ela mesma, como um segundo processo, que compreende outras quatro fases: (I) divulgação do chamamento público; (II) recebimento e avaliação das propostas; (III) publicação do resultado provisório; (IV) fase recursal; e (V) publicação do resultado definitivo.

2. Embora não se trate, tecnicamente, de uma licitação, é interessante notar como este processo de seleção da entidade se assemelha a um processo de licitação, com a mesma estrutura básica.

3. O **artigo 8º** prevê as fases deste processo de seleção. A primeira fase, a de "divulgação," é objeto do **artigo 10**. A "avaliação das propostas" está disciplinada pelos **artigos 11** e **12.** O **§ 4º do artigo 12** trata da "publicação do resultado provisório" e os **§§ 5º a 7º** do mesmo artigo tratam da "fase recursal." Por fim, o § 8º prevê a "publicação do resultado definitivo."

Art. 8º A seleção da entidade privada sem fins lucrativos a ser qualificada como organização social será realizada pelo órgão supervisor ou pela entidade supervisora da área e observará as seguintes etapas:

I – divulgação do chamamento público;

II – recebimento e avaliação das propostas;

III – publicação do resultado provisório;

IV – fase recursal; e

V – publicação do resultado definitivo.

Parágrafo único. O atendimento ao princípio da economicidade, previsto no art. 7º da Lei nº 9.637, de 1998, será observado durante todo o processo de seleção.

Art. 9º Não poderá participar do chamamento público a entidade privada sem fins lucrativos que:

1. Em meio à disciplina do processo de seleção da entidade, encontramos, no artigo 9º, a menção de situações que impedem que uma pessoa jurídica de direito privado participe do processo de chamamento público. É evidente que ela não pode participar porque se trata de situações que impedem a sua própria qualificação como OS.

I – tenha sido desqualificada como organização social, por descumprimento das disposições contidas no contrato de gestão, nos termos do art. 16 da Lei nº 9.637, de 1998, em decisão irrecorrível, pelo período que durar a penalidade;

II – esteja omissa no dever de prestar contas de parceria anteriormente celebrada;

III – tenha sido punida com uma das seguintes sanções, pelo período que durar a penalidade:

a) suspensão de participação em licitação e impedimento de contratar com o órgão supervisor ou a entidade supervisora; e

b) declaração de inidoneidade para licitar ou contratar com a administração pública federal;

IV – tenha tido contas de parceria julgadas irregulares ou rejeitadas por Tribunal ou Conselho de Contas de qualquer ente federativo, em decisão irrecorrível, nos últimos oito anos; e

V – não possuam comprovação de regularidade fiscal, trabalhista e junto ao Fundo de Garantia do Tempo de Serviço - FGTS, por meio de:

a) Certidão Negativa de Débitos Relativos a Créditos Tributários Federais e à Dívida Ativa da União;

b) Certificado de Regularidade do FGTS; e

c) Certidão Negativa de Débitos Trabalhistas.

Art. 10. O processo de seleção da entidade privada se iniciará com a divulgação de chamamento público pelo órgão supervisor ou pela entidade supervisora da atividade, que definirá, entre outros aspectos:

I – os requisitos a serem atendidos pelas entidades privadas interessadas para fins de habilitação;

II – a documentação comprobatória exigida;

III – a relação dos órgãos e das entidades públicas e a relação mínima das entidades da comunidade beneficiária dos serviços que deverão estar representados no Conselho de Administração como membros natos;

IV – as condições específicas da absorção das atividades, tais como a cessão de imóveis e outros bens materiais e de servidores envolvidos na atividade em processo de publicização, se for o caso;

V – as disposições relativas ao direito do uso de nomes, símbolos, marcas e domínio na internet;

VI – o prazo mínimo de quarenta e cinco dias para o início do período de inscrição das entidades privadas interessadas;

VII – as etapas do processo de avaliação das entidades privadas sem fins lucrativos inscritas;

VIII – os critérios específicos de avaliação; e

IX – os recursos administrativos e os seus prazos.

Art. 11. A avaliação das propostas contemplará, sem prejuízo de outros critérios:

I – a abrangência de representação da comunidade beneficiária no Conselho de Administração e no quadro social, conforme estabelecido no inciso III do **caput** do art. 10; e

II – o nível de aderência da proposta de trabalho à fundamentação de que trata o § 1º do art. 7º.

Art. 12. A avaliação das entidades privadas sem fins lucrativos inscritas no chamamento público será realizada por comissão de avaliação especialmente criada para esta finalidade pela Secretaria-Executiva do órgão supervisor ou pela entidade supervisora.

1. A avaliação das propostas ficará a cargo de uma comissão criada especificamente para esta finalidade.

§ 1º Não poderão ser nomeados para a comissão de que trata o **caput** servidores que tenham sido cedidos a organização social com contrato vigente com a administração pública federal ou servidores que trabalhem na área responsável pela supervisão dos contratos de gestão.

§ 2º À comissão de que trata o **caput** competirá a avaliação das entidades privadas participantes quanto ao atendimento dos requisitos legais, das diretrizes e dos critérios estabelecidos neste Decreto e dos critérios definidos no chamamento público.

§ 3º Observado o prazo estabelecido no chamamento público, a comissão responsável pela avaliação elaborará relatório conclusivo, que explicitará:

I – o atendimento aos requisitos legais pelas entidades privadas inscritas;

II – a relação das entidades privadas habilitadas;

III – as entidades privadas inabilitadas em razão do não atendimento aos requisitos legais e a outros previstos neste Decreto; e

IV – nos casos de mais de uma entidade privada participante habilitada, a escolha justificada da entidade privada que melhor atendeu aos critérios estabelecidos no art. 11.

§ 4º A decisão da comissão de avaliação será publicada no Diário Oficial da União e a íntegra do relatório será publicada no sítio eletrônico oficial do órgão supervisor ou da entidade supervisora.

§ 5º Da decisão de que trata o § 4º caberá recurso no prazo de dez dias, contado da data de publicação no Diário Oficial da União, que será dirigido à comissão responsável pela decisão recorrida.

§ 6º A comissão recorrida terá o prazo de cinco dias, contado da data de interposição do recurso a que se refere o § 5º, para análise.

§ 7º Na hipótese de não haver reconsideração da decisão, os autos do processo de chamamento público serão encaminhados à autoridade superior para decisão sobre o recurso, no prazo de trinta dias, contado da data de decisão a que se refere o § 6º.

§ 8º A decisão final sobre a escolha da entidade privada para fins de qualificação como organização social e celebração de contrato de gestão será formalizada em ato do Ministro de Estado ou do titular da entidade supervisora da área de atuação e terá como base o relatório de avaliação do órgão responsável, após o encerramento da fase recursal.

§ 9º A decisão final será publicada no Diário Oficial da União.

§ 10. Enquanto durar a vigência do contrato de gestão, os membros da comissão de que trata o **caput** não poderão ser cedidos à organização social qualificada.

Seção IV
Da publicação do ato de qualificação

Art. 13. A qualificação de entidade privada como organização social será formalizada em ato do Presidente da República, a partir de proposição do Ministro de Estado supervisor da área, e se for o caso, com anuência da autoridade titular da entidade supervisora, precedida de manifestação do Ministro de Estado do Planejamento, Desenvolvimento e Gestão.

Parágrafo único. O ato de qualificação de entidade privada como organização social será específico e indicará a entidade privada qualificada, a atividade, o número do processo administrativo relativo ao chamamento público e a identificação do órgão ou da entidade da administração pública federal cujas atividades serão absorvidas pela organização social.

Seção V
Da celebração do contrato de gestão

1. De fato, todo o processo de qualificação tem como objetivo final a celebração do contrato de gestão. Como temos visto, uma entidade apenas é qualificada como OS com vistas à celebração deste instrumento, a fim de que o serviço público seja prestado por ela, mediante a supervisão da Administração Pública.

Art. 14. O contrato de gestão, instrumento firmado entre o Poder Público e a entidade privada sem fins lucrativos qualificada como organização social, com vistas à formação de parceria entre as partes para o fomento e a execução das atividades aprovadas no ato de qualificação, observará o disposto nos art. 5º, art. 6º e art. 7º da Lei nº 9.637, de 1998.

§ 1º O contrato de gestão discriminará os serviços, as atividades, as metas e os objetivos a serem alcançados nos prazos pactuados, o cronograma de desembolso financeiro e os mecanismos de avaliação de resultados das atividades da organização social.

§ 2º O contrato de gestão, de vigência plurianual, poderá ser alterado por meio de termos aditivos mediante acordo entre as partes.

§ 3º Os objetivos, as metas e o cronograma de desembolso dos recursos previstos no orçamento, em cada exercício, serão definidos em anexo específico ao contrato de gestão.

Art. 15. Fica autorizada a inclusão de metas relativas a atividades intersetoriais no contrato de gestão mantido com o órgão supervisor ou a entidade supervisora, desde que consistentes com os objetivos sociais da entidade privada e com o ato de qualificação da organização social.

§ 1º A autoridade supervisora será responsável pelo acompanhamento e pela avaliação da execução das metas relativas às atividades intersetoriais, por meio da comissão de avaliação do contrato de gestão.

§ 2º Na hipótese prevista no **caput**, é admitido o compartilhamento do financiamento das atividades da organização social pelas entidades ou pelos órgãos representados no Conselho de Administração da entidade privada como membros natos e o órgão ou a entidade cofinanciador deverá figurar como interveniente no contrato de gestão e como partícipe da comissão de avaliação.

Art. 16. O contrato de gestão poderá ser renovado por períodos sucessivos, a critério da autoridade supervisora, condicionado à demonstração do cumprimento de seus termos e suas condições.

§ 1º A decisão da autoridade supervisora quanto à renovação do contrato considerará os resultados para a atividade publicizada e demonstrará os benefícios alcançados no ciclo contratual anterior e aqueles esperados para o próximo ciclo em relação à realização de novo chamamento público.

§ 2º A decisão de renovação não afasta a possibilidade de realização de novo chamamento público para qualificação e celebração de contrato de gestão com outras entidades privadas interessadas na mesma atividade publicizada.

§ 3º O contrato de gestão poderá ser renovado com redução de valor ou de objeto, observado o disposto no § 1º.

Art. 17. O órgão supervisor ou a entidade supervisora deverá, nos termos do parágrafo único do art. 7º da Lei nº 9.637, de 1998, introduzir cláusulas no contrato de gestão que disporão sobre:

I – a vinculação obrigatória dos recursos de fomento público com metas e objetivos estratégicos previstos no contrato de gestão;

II – criação de reserva técnica financeira para utilização em atendimento a situações emergenciais;

III – limite prudencial de despesas com pessoal em relação ao valor total de recursos do contrato de gestão e mecanismos de controle sistemático pela autoridade supervisora; e

IV – definição de critérios e limites para a celebração de contratos de prestação de serviços pela organização social com outros órgãos ou entidades públicas e privadas ou de outros instrumentos de parceria.

Seção VI
Do orçamento

1. Sendo o repasse de recursos públicos uma das principais – senão a principal – fontes de custeio das atividades da OS, o artigo 18 disciplina os repasses orçamentários destinados ao financiamento das atividades objeto do contrato de gestão.

Art. 18. O Poder Público repassará os recursos públicos de fomento destinados ao financiamento das atividades das organizações sociais.

§ 1º Os recursos destinados à organização social serão repassados com obediência ao cronograma de desembolso financeiro estabelecido no contrato de gestão, que pactua as metas e os resultados a serem alcançados.

§ 2º A autoridade supervisora ouvirá a organização social sobre o valor que será proposto para elaboração da Lei Orçamentária.

§ 3º O valor mencionado no § 2º será acompanhado de plano preliminar de ações e metas para o exercício financeiro e de orçamento estimativo.

§ 4º Na hipótese de financiamento compartilhado, conforme estabelecido no § 2º do art. 15, com aportes de recursos de dotações de mais de um órgão ou entidade da administração pública federal, os aportes serão incluídos nas propostas orçamentárias no montante assumido por cada órgão ou entidade, que os repassarão à organização social com obediência ao cronograma de desembolso financeiro pactuado no contrato de gestão.

§ 5º Eventuais excedentes financeiros do contrato de gestão ao final do exercício, apurados no balanço patrimonial e financeiro da entidade privada, serão incorporados ao planejamento financeiro do exercício seguinte e utilizados no desenvolvimento das atividades da entidade privada com vistas ao alcance dos objetivos estratégicos e das metas do contrato de gestão.

Seção VII
Da execução e da avaliação do contrato de gestão

Art. 19. Incumbe ao Conselho de Administração da organização social exercer as atribuições previstas na Lei nº 9.637, de 1998, além de zelar pelo cumprimento dos resultados pactuados, pela aplicação regular dos recursos públicos, pela adequação dos gastos e pela sua aderência ao objeto do contrato de gestão.

§ 1º O Conselho de Administração aprovará e encaminhará ao órgão supervisor ou à entidade supervisora os relatórios gerenciais e de atividades da organização social que serão elaborados pela diretoria.

§ 2º A comissão de avaliação prevista no § 2º do art. 8º da Lei nº 9.637, de 1998, avaliará os resultados alcançados pela organização social, nos prazos estabelecidos no contrato de gestão e ao final do ciclo do referido contrato, e encaminhará relatório conclusivo sobre a avaliação procedida à autoridade supervisora.

§ 3º A autoridade supervisora definirá a área responsável pela supervisão dos contratos de gestão dentro de sua estrutura organizacional vigente.

§ 4º O órgão supervisor ou a entidade supervisora emitirá parecer final em cada exercício compreendido no ciclo de vigência do contrato de gestão e terá como base as informações constantes dos relatórios emitidos pela comissão de avaliação e o parecer da auditoria externa sobre os demonstrativos financeiros e contábeis e as contas da organização social

Art. 20. O órgão supervisor ou a entidade supervisora disponibilizará em seu sítio eletrônico:

I – os atos de chamamento público;

II – a cópia integral dos contratos de gestão e seus aditivos;

III – os relatórios de execução de que trata o § 1º do art. 8º da Lei nº 9.637, de 1998, acompanhados das prestações de contas correspondentes; e

IV – os relatórios apresentados pelas comissões de avaliação.

Seção VIII
Da desqualificação

1. Além da "desqualificação" como forma de sanção, já tratada no **artigo 16 da LOS**, o presente dispositivo traz ainda a previsão de *desqualificação por decurso de prazo*, em decorrência do encerramento do contrato de gestão (**inciso II**).

2. De fato, embora a LOS não tratasse expressamente da hipótese, é natural entender que, uma vez encerrado o contrato de gestão, sem que tenha havido a sua renovação, a própria qualificação da entidade como OS perde a sua razão de ser, já que a qualificação e o contrato de gestão são realidades amarradas pela lei.

Art. 21. A entidade privada sem fins lucrativos poderá ser desqualificada:

I – por decisão fundamentada do órgão supervisor ou da entidade supervisora;

II – pelo encerramento do contrato de gestão;

III – quando constatado o descumprimento das disposições contidas no contrato de gestão, na Lei nº 9.637, de 1998, e neste Decreto; e

IV – pelo não atendimento, de forma injustificada, às recomendações da comissão de avaliação ou do órgão supervisor ou da entidade supervisora.

§ 1º Observado o disposto no art. 16 da Lei nº 9.637, de 1998, e na Lei nº 9.784, de 29 de janeiro de 1999, a organização social apresentará sua defesa perante a autoridade supervisora no prazo de trinta dias, contado da data de sua intimação, respeitado o devido processo legal.

§ 2º A desqualificação ocorrerá em ato do Poder Executivo federal, cuja proposição caberá ao órgão supervisor ou à entidade supervisora, ouvido o Ministério do Planejamento, Desenvolvimento e Gestão.

Art. 22. Na hipótese de desqualificação da organização social, o órgão supervisor ou a entidade supervisora providenciará a incorporação integral do patrimônio, dos legados ou das doações que lhe foram destinados e dos excedentes financeiros decorrentes de suas atividades.

Art. 23. Na hipótese de desqualificação da organização social, as atividades absorvidas pela entidade privada na forma dos art. 18 a art. 22 da Lei nº 9.637, de 1998, poderão ser reassumidas pelo Poder Público, com vistas à manutenção da continuidade dos serviços prestados e à preservação do patrimônio, facultada à União a transferência da execução do serviço para outra organização social, observado o disposto no art. 2º, **caput**, inciso I, alínea "i", da referida Lei.

CAPÍTULO II
DISPOSIÇÕES FINAIS

Art. 24. É vedada a execução de despesa em favor do órgão supervisor ou da entidade supervisora e em desacordo com o objeto do contrato.

Art. 25. É vedada a transferência de recursos de fomento para organização social, nos termos da Lei nº 13.019, de 31 de julho de 2014, e do Decreto nº 8.726, de 27 de abril de 2016.

1. Os atos normativos em questão disciplinam o regime jurídico das parcerias entre a Administração Púbica e organizações da sociedade civil. Trata-se de pessoas jurídicas de direito privado sem fins lucrativos não qualificadas como OS ou OSCIP. Um dos instrumentos para a consecução destes objetivos é o "termo de fomento," previsto no **artigo 17 da Lei 13.019/2014**. O que o presente dispositivo esclarece é que os recursos destinados àqueles tipos de parceria, objeto de "termos de fomento", não poderão ser destinados a OSs.

Art. 26. Os representantes dos órgãos e das entidades públicas nos Conselhos de Administração de organizações sociais deverão ser ocupantes de cargos do Grupo Direção e Assessoramento Superiores - DAS de nível 4 ou superior, ou equivalente, e serão designados pelo Ministro de Estado supervisor ou autoridade titular da entidade supervisora da área após a assinatura do contrato de gestão.

Parágrafo único. Cidadãos da sociedade civil com notório saber nas áreas de atuação das organizações sociais poderão ser indicados como representantes dos órgãos e das entidades públicas nos Conselhos de Administração, mediante decisão fundamentada do órgão supervisor ou da entidade supervisora.

Art. 27. As disposições referentes ao processo de seleção estabelecidos neste Decreto não se aplicam às entidades privadas já qualificadas como organizações sociais, observado o disposto no art. 16.

1. Entidades já qualificadas como OS permanecem com sua qualificação, não necessitando submeterem-se a novo processo de qualificação. No entanto, os contratos de gestão deverão ser adaptados às disposições deste Decreto (veja-se o artigo seguinte), inclusive se sujeitando à renovação disciplinada no **artigo 16**.

Art. 28. Os contratos de gestão vigentes serão adaptados às disposições deste Decreto por meio de termo aditivo ou renovação.

Art. 29. A entidade privada qualificada como organização social somente poderá celebrar um contrato de gestão com a administração pública federal.

Art. 30. O Ministério do Planejamento, Desenvolvimento e Gestão poderá estruturar programa de capacitação para os representantes nos Conselhos de Administração das entidades privadas qualificadas e para os servidores a cargo da supervisão e da avaliação dos contratos de gestão e para o público--alvo que atue junto às organizações sociais.

Art. 31. O Ministério do Planejamento, Desenvolvimento e Gestão editará normas complementares a este Decreto.

Art. 32. Este Decreto entra em vigor na data de sua publicação.

Art. 33. Fica revogado o § 5º do art. 1º do Decreto nº 5.504, de 5 de agosto de 2005.

1. O dispositivo revogado submetia as OSs e as OSCIPs à necessidade de realização de pregão para a utilização dos recursos repassados pela União, e já havia sido considerado inconstitucional pelo TCU – embora não se tenha notícia de reconhecimento judicial de sua inconstitucionalidade. De todo modo, com a revogação, fica claro que as compras e contratações feitas pelas OSs (e também pelas OSCIPs, acrescenta-se) seguem um regime exclusivo de direito privado – sujeitando-se, de todo modo, à fiscalização.

Brasília, 1º de novembro de 2017; 196º da Independência e 129º da República.

MICHEL TEMER

Dyogo Henrique de Oliveira

Lei das Organizações da Sociedade Civil de Interesse Público (LOSCIP) – Lei nº 9.790, de 23 de março de 1999

Dispõe sobre a qualificação de pessoas jurídicas de direito privado, sem fins lucrativos, como Organizações da Sociedade Civil de Interesse Público, institui e disciplina o Termo de Parceria, e dá outras providências.

CAPÍTULO I
Da qualificação como organização da sociedade civil de interesse público

Art. 1º Podem qualificar-se como Organizações da Sociedade Civil de Interesse Público as pessoas jurídicas de direito privado sem fins lucrativos que tenham sido constituídas e se encontrem em funcionamento regular há, no mínimo, 3 (três) anos, desde que os respectivos objetivos sociais e normas estatutárias atendam aos requisitos instituídos por esta Lei. (Redação dada pela Lei 13.019, de 2014)

1. A exemplo do que ocorre com as OSs, apenas podem ser qualificadas como OSCIPs *pessoas jurídicas de direito privado sem fins lucrativos.*

1.1. A Lei 13.019/2014 alterou a redação do artigo 1º da LOSCIP, acrescentando o requisito mínimo de 3 (três) anos de funcionamento regular para que uma entidade possa ser qualificada como OSCIP.

→ **Aplicação em concurso.**

- *Juiz Federal – 3ª Região (2016)*

  "Podem qualificar-se como Organizações da Sociedade Civil de Interesse Público as pessoas jurídicas de direito privado sem fins lucrativos que tenham sido constituídas e se encontrem em funcionamento regular há, no mínimo, 1 (um) ano, desde que os respectivos objetivos sociais e normas estatutárias atendam aos requisitos instituídos pela Lei nº 9.790/1999."

  A alternativa está incorreta.

- *Juiz Federal – 3ª Região (2011)*

  "As organizações sociais e as OSCIPs detêm personalidade jurídica de direito privado e não têm fins lucrativos."

  Resposta: A alternativa está correta.

▶ **Jurisprudência do Tribunal Regional Federal da 4ª Região:**

"TRIBUTÁRIO. AGRAVO LEGAL. **OSCIP. IMUNIDADE. CONTRIBUIÇÕES SOCIAIS. ART. 195, § 7º, DA CF/88. ART. 55 DA LEI 8.212/91**. 1. O reconhecimento da imunidade tributária concedida pelo art. 195, § 7º da CF/88 requer o cumprimento de diversos requisitos. A jurisprudência vem entendendo haver necessidade de satisfação das exigências do CTN e da Lei 8.212/91. **Não se constata a existência de extensão às OSCIP da imunidade requerida sem o atendimento dos requisitos antes elencados, pois a Lei 9.790/99 não traz dispositivos que indiquem tal benefício, nem há coincidência entre requisitos para qualificar-se como OSCIP e aqueles elencados no art. 55 da Lei 8.212/91**. (...)." (AC 00128025220084047000, VÂNIA HACK DE ALMEIDA, TRF4 – SEGUNDA TURMA, D.E. 02/06/2010.)

"TRIBUTÁRIO. ORGANIZAÇÃO DA SOCIEDADE CIVIL DE INTERESSE PÚBLICO – OSCIP. IMPOSTO DE RENDA E CONTRIBUIÇÃO SOCIAL SOBRE O LUCRO. IMUNIDADE. IMPORTAÇÃO DE PNEUS COMO ATIVIDADE-MEIO PARA FINANCIAR A ATIVIDADE-FIM DE ASSISTÊNCIA SOCIAL. DESVIO DE FINALIDADE. AUSÊNCIA DE PROVA. RESGUARDO DE SITUAÇÕES CONSOLIDADAS. 1. Não se podendo presumir o desvio de finalidade, tampouco a ocorrência de concorrência desleal, e **preenchidos os requisitos do art. 14 do CTN**, deve ser assegurada a estabilidade das relações jurídicas até que os fatos imputados à parte autora sejam devidamente esclarecidos. 2. **A consolidação da situação fática em favor da parte autora – que não tem recolhido o IR e a CSLL desde a fundação, em 2005 – desaconselha intervenção. 3. Restabelecido o provimento antecipativo concedido para determinar à União que se abstenha de exigir da OSCIP o IR e a CSLL desde a fundação**. (AG 200804000343790, MARCELO DE NARDI, TRF4 – PRIMEIRA TURMA, D.E. 13/01/2009.)

– Esses julgados do TRF4 demonstram que, para fazerem jus a *imunidade tributária*, as OSCIPs devem atender aos requisitos estabelecidos pela Constituição e pela legislação própria (ou seja, nenhuma imunidade decorre simplesmente da qualificação como OSCIP). **No mesmo sentido os demais julgados a seguir arrolados.**

▶ **Jurisprudência do Superior Tribunal de Justiça:**

TRIBUTÁRIO. ISS. ORGANIZAÇÃO SOCIAL SEM FINS LUCRATIVOS. ATIVIDADE RELACIONADA À PROMOÇÃO DO DESENVOLVIMENTO CIENTÍFICO

E TECNOLÓGICO. ISENÇÃO. AUSÊNCIA DE LEGISLAÇÃO ESPECÍFICA. IMPOSSIBILIDADE. I – Originariamente, cuida-se de Mandado de Segurança impetrado pela ora Recorrente, contra ato do Exmo. Sr. Secretário de Fazenda e Planejamento do Distrito Federal, que indeferiu o seu pedido de isenção tributária, referente à emissão do denominado "Ato Declaratório de Isenção do ISS". II – A impetrante, ora Recorrente, sustenta que, na qualidade de instituição constituída sob a forma de associação sem fins lucrativos, tendo por objetivo social a promoção do desenvolvimento científico e tecnológico, faz jus à isenção do ISS. III – **Não se extrai força normativa suficiente do art. 150, VI, "c", da Constituição Federal, que revele haver tributação dos entes políticos, no caso da incidência tributária recair sobre organização social privada sem fins lucrativos, mesmo que reconhecida como de interesse e utilidade social**. IV – Fosse o Recorrente instituição de ensino ou de assistência social, haveria, em tese, a possibilidade de delinear os efeitos normativos do preceito constitucional citado. Ocorre que, consoante se observa dos seus próprios objetivos institucionais, às fls. 28/29 destes autos, sua finalidade é a promoção do desenvolvimento científico e tecnológico, de modo que nem presta serviço relacionado ao ensino, nem revela atividade de assistência social. V – Nesse contexto, ante a impossibilidade de extrair-se a imunidade pretendida do preceito constitucional, verdadeira exceção ao poder geral de tributação do Estado, surge a necessidade de lei específica que discipline a outorga de isenção em relação às suas atividades, que também se apresenta como restrição, só que em nível infraconstitucional, à potestade tributária. VI – De fato, **o Código Tributário Nacional (art. 97) é suficientemente claro ao dispor que somente a lei pode estabelecer as hipóteses de exclusão do crédito tributário (inciso VI), nesta constando a isenção (art. 175, inciso I). Sendo imperativo o comando que determina a interpretação literal da outorga de isenção (art. 111, inciso II), revela-se necessária a edição de legislação específica que discipline o comando isencional às atividades desenvolvidas pelas organizações sociais sem fins lucrativos,** que atendam ao interesse e à utilidade públicas, situação discutida nos presentes autos. VII – **Inexistindo nos autos documentos que comprovem a existência de legislação distrital disciplinadora da isenção pretendida pela Recorrente, não há como deferi-la nos moldes pretendidos.** VIII – Recurso Ordinário improvido. (RMS 22.371/DF, Rel. Ministro FRANCISCO FALCÃO, PRIMEIRA TURMA, julgado em 03/05/2007, DJ 24/05/2007, p. 310)

▶ Jurisprudência do Tribunal Regional Federal da 2ª Região:

"TRIBUTÁRIO. **OSCIP.** IMUNIDADE. CSLL E IRPJ. ART. 150, VI, c–, E 195, § 7º, DA CONSTITUIÇÃO FEDERAL. ATENDIMENTO AOS REQUISITOS PREVISTO EM LEI. AUSÊNCIA DE COMPROVAÇÃO. 1. O Certificado de Entidade de Fins Filantrópicos é mero reconhecimento, pelo Poder Público, do preenchimento das condições de constituição e funcionamento, que devem ser atendidas para que a entidade receba os benefícios fiscais, com efeitos ex tunc, visto que apenas exterioriza uma condição que a entidade requerente já apresentava, ou seja, não basta a entidade se autodenominar de fins filantrópicos–, como se o nome condicionasse a essência: deve, antes, comprovar a atuação como tal, momento em que o antigo CNSS (Conselho Nacional da Seguridade Social) também exigia a utilidade pública–, estatutos, balanço e orçamento 2. O art. 150, VI, c– da Constituição dispõe que as instituições de educação e de assistência social serão isentas do pagamento de impostos, desde que atendidas as exigências previstas em lei. 3. **As exigências legais mencionadas pela Constituição encontram-se previstas no art. 14 do Código Tributário Nacional, recepcionado com eficácia passiva de lei complementar.** 4. Não se pode confundir ausência de fins lucrativos com vedação à obtenção de superávit financeiro, pois toda entidade que se pretenda viável se esforça para que suas receitas superem suas despesas. 5. O que o ordenamento jurídico pátrio veda para fins de obtenção da não incidência em comento em razão da configuração de finalidade lucrativa é a distribuição de excedentes, a qualquer título, na nomenclatura adotada pela Lei Complementar nº 104/2001, entre os sócios, diretores, gerentes ou quaisquer outras pessoas. 5. **No presente caso, a autora em momento algum comprova o atendimento aos requisitos previstos em lei, tanto para o gozo do beneplácito fiscal atinente às contribuições sociais quanto no que tange aos impostos, eis que sua qualificação como Organização da Sociedade Civil de Interesse Público, nos termos da Lei nº 9.790/99, não é suficiente para afastá-la do preenchimento dos requisitos previstos nos arts. 195, caput e § 7º, e 150, VI, a–, da Constituição da República**. 6. Não há como se reconhecer o direito pleiteado, tendo em vista que os documentos comprobatórios do atendimento aos requisitos previstos no CTN, bem como aos previstos em lei ordinária que se afigurem em consonância este diploma legal, não foram juntados pela autora em sua exordial e esta, intimada a especificar provas, quedou-se inerte. 7. Recurso improvido." (AC 200651010060170, Desembargadora Federal SALETE MACCALOZ, TRF2 – TERCEIRA TURMA ESPECIALIZADA, E-DJF2R – Data::03/07/2012 – Página::66.)

► Jurisprudência do Tribunal Regional Federal da 3ª Região:

"APELAÇÃO. MANDADO DE SEGURANÇA. IMUNIDADE. ART. 150, VI, C DA CF. IMPOSTO DE IMPORTAÇÃO. ART. 14 DO CTN. NECESSIDADE DE QUE O BEM IMPORTADO SEJA UTILIZADO NA PRESTAÇÃO DO SERVIÇO ESPECÍFICO DA ENTIDADE A SER BENEFICIADA. 1. **A natureza de OSCIP do impetrante não lhe outorga direito automático à imunidade tributária**

de que trata a alínea c do inciso VI do art. 150 da Constituição Federal; deve o impetrante se submeter aos requisitos elencados no art. 14 do CTN. 2. Enquadrando-se nos patamares estabelecidos, a instituição tem direito à imunidade, não podendo o ente público dela exigir outros pressupostos além desses já previstos em lei. 3. Os documentos acostados aos autos levam à conclusão de que o impetrante preenche os requisitos estipulados no art. 14 do CTN. 4. Ultrapassada esta primeira barreira, passa-se à análise da observância da regra do § 4º do art. 150 da Constituição Federal, segundo o qual 'as vedações expressas no inciso VI, alíneas 'b' e 'c', compreendem somente o patrimônio, a renda e os serviços, relacionados com as finalidades essenciais nelas mencionadas'. 5. O E. Supremo Tribunal Federal já firmou entendimento no sentido de que a imunidade aqui debatida abrange o imposto de importação incidente sobre os bens a serem utilizados na prestação dos serviços específicos das entidades a serem beneficiadas. 6. Ainda que se possa defender, com base no entendimento do E. Supremo Tribunal Federal, a aplicação da imunidade a que se refere o art. 150, VI, c da Constituição Federal ao imposto de importação, no caso em tela, o pleito do ora apelante esbarra na ressalva presente neste mesmo entendimento, no sentido de que o referido artigo só se aplica ao mencionado imposto quando se tratar de bem a ser utilizado na prestação dos serviços específicos da entidade beneficiada. 7. Pelo que consta do documento de fl.67, o bem importado é um 'sistema para decomposição de borracha ou plástico através do processo de pirólise extraindo óleo e carbono, mod. WX-T-8, atuando com os sistemas de carregamentos, de aquecimento eletromagnético, dispositivo de exaustão e o de gás'. Ou, como denominado pelo impetrante à fl. 03 da inicial, equipamento para reciclagem de pneus usados. 8. Não parece, dessa forma, que o bem importado guarde qualquer relação com as finalidades institucionais do apelante, razão pela qual a tributação deve ser mantida, não merecendo retoque a sentença apelada. 9. Apelação a que se nega provimento." (AMS 00131467320104036100, DESEMBARGADORA FEDERAL CECILIA MARCONDES, TRF3 – TERCEIRA TURMA, e-DJF3 Judicial 1 DATA:19/12/2012 ..FONTE_REPUBLICACAO:.)

2. Por serem pessoas jurídicas de direito privado sem fins lucrativos, é possível que se conceda às OSCIPs, quando em juízo, mediante requerimento seu, os benefícios da **assistência judiciária gratuita (AJG)**. O mesmo raciocínio, perceba-se, pode ser perfeitamente aplicável às OSs.

▶ **Jurisprudência do Tribunal Regional Federal da 5ª Região.**

"PROCESSUAL CIVIL. AGTR. **JUSTIÇA GRATUITA. PESSOA JURÍDICA SEM FINS LUCRATIVOS. OSCIP. POSSIBILIDADE.** (...)a decisão agravada indeferiu, ainda, o pedido de concessão da assistência judiciária gratuita, face à ausência de comprovação da incapacidade financeira do agravante para suportar as despesas processuais, tendo em vista que a mera alegação de insuficiência de recursos não basta para a concessão do referido benefício às pessoas jurídicas, mesmo quando estas não apresentam finalidade lucrativa (fls. 39/45). **2. Admite-se, excepcionalmente, a concessão do benefício da justiça gratuita para pessoas jurídicas, desde que reste comprovada a sua impossibilidade para adimplir com as custas processuais, a não ser quando se trata de pessoas jurídicas sem fins lucrativos, ocasião em que a concessão poderá se dar em havendo requerimento e independentemente de prova.** Precedente do STJ: AGREsp. 916.638/SC, Rel. Min. LAURITA VAZ, DJU 28.04.08, p. 1. 3. **Deve ser deferido ao agravante o benefício da justiça gratuita, por ser entidade constituída sob a forma de associação, sem fins lucrativos, tendo sido, inclusive, designada como Organização da Sociedade Civil de Interesse Público (OSCIP).** 4. No que tange à alíquota devida pelo agravante a título de SAT, verifica-se que a decisão agravada não merece reparos, dado que, segundo consta do CNPJ do agravante, sua atividade econômica principal é o atendimento hospitalar, exceto pronto-socorro e unidades para atendimento a urgências (fls. 18), enquadrando-se, portanto, no Código 8610-1/01, do Anexo V, do Decreto 3.048/99, sendo devida a alíquota de 2%. 5. AGTR parcialmente provido, tão somente para deferir o benefício da justiça gratuita, mantendo a decisão agravada no que concerne ao indeferimento da tutela mandamental liminar." (AG 200805000846443, Desembargador Federal Manoel Erhardt, TRF5 – Segunda Turma, DJ – Data::18/02/2009 – Página::182 – Nº::34.)

3. Como já mencionado na parte introdutória, o objeto das OSCIPs é mais amplo que o das OSs. Para ser qualificada como OSCIP, a pessoa jurídica de direito privado deve ser destinada a *pelo menos* uma das atividades descritas no **art. 3º da LOSCIP.**

4. A LOSCIP, editada cerca de dez meses após a LOS, foi melhor vista pela doutrina especializada. Arrolam-se, a seguir, alguns motivos pelos quais foi percebida essa melhor aceitação crítica:

4.1. Primeiramente, a própria questão da *amplitude de objeto* das OSCIPs, já comentada. Afirmam os autores que a LOS teria deixado uma *lacuna*, que veio a ser colmatada pela LOSCIP.

4.2. A LOSCIP (muito embora *faculte*) não *determina*, a contrário da LOS, a participação de representantes do Poder Público no conselho de administração da pessoa jurídica de direito privado.

4.3. A LOSCIP não se insere no contexto do questionado "Programa Nacional de Publicização (PNP)" previsto no art. 20 da LOS. Isso significa dizer que, em princípio, *não é escopo da lei que as atividades de órgãos ou pessoas administrativas federais extintos sejam "absorvidas" por OSCIPs*. Reforça-se, no entanto, que o PNP foi considerado constitucional pelo STF no julgamento da ADI 1923, e que recentemente foi editado, para criá-lo, o Decreto 9.190/2017. Isso pode, inclusive, levar à diminuição da celebração de termos de parceria da União com OSCIPs.

4.4. A qualificação de uma entidade como OSCIP decorre de **mero reconhecimento de sua relevância social**. Isso quer dizer que o regime de colaboração desta com o Poder Público não necessita, necessariamente, se instaurar. Em outras palavras, enquanto a celebração do "contrato de gestão" é obrigatória em relação às entidades qualificadas como OS, o "termo de parceria" é mera faculdade em relação às OSCIPs – e, efetivamente, muitas vezes não chega a se estabelecer.

5. Sem embargo desses aplausos doutrinários, a história recente do País vem demonstrando, infelizmente, também a *utilização patológica* das OSCIPs, especialmente em esquemas engendrados para desvio de dinheiro público.

Demais disso, a celebração de termos de parceria com "cartas marcadas" (especialmente na área da saúde) também é um exemplo de utilização do modelo legal em claro *desvio de finalidade*.

§ 1º Para os efeitos desta Lei, considera-se **sem fins lucrativos** a pessoa jurídica de direito privado que **não distribui**, entre os seus sócios ou associados, conselheiros, diretores, empregados ou doadores, eventuais excedentes operacionais, brutos ou líquidos, dividendos, bonificações, participações ou parcelas do seu patrimônio, auferidos mediante o exercício de suas atividades, e que **os aplica integralmente na consecução do respectivo objeto social**.

1. Qualquer superávit das atividades da pessoa jurídica de direito privado qualificada como OSCIP deve ser reaplicado na consecução de seu objeto social. Do contrário, não estará presente o requisito legal da ausência de finalidade lucrativa.

§ 2º A **outorga da qualificação** prevista neste artigo é **ato vinculado** ao cumprimento dos requisitos instituídos por esta Lei.

1. Ao contrário da previsão encerrada no art. 2º, II, da LOS (que trata do caráter discricionário do ato de qualificação de uma entidade como OS), a qualificação de uma ONG como OSCIP é **ato vinculado.** Ou seja, preenchidos os requisitos estabelecidos pela LOSCIP, é obrigatória à Administração Pública federal a qualificação da entidade.

Art. 2º Não são passíveis de qualificação como Organizações da Sociedade Civil de Interesse Público, ainda que se dediquem de qualquer forma às atividades descritas no art. 3º desta Lei:

1. O escopo da LOSCIP é que recebam a qualificação pessoas jurídicas de direito privado **sem fins lucrativos** e de **vasta abrangência social** (o art. 3º da LOSCIP menciona expressamente o "princípio da universalização dos serviços"). Por isso mesmo, o art. 2º encerra vedações à qualificação como OSCIP – a maioria das quais, como é possível observar, meramente expletiva; ou seja, mesmo que não houvesse a vedação expressa, essa decorreria da vedação à finalidade lucrativa, como é o caso já da previsão do inciso I –, *ainda, que, de alguma forma, as pessoas jurídicas mencionadas ao longo dos seus incisos possam exercer as atividades previstas no art. 3º.*

I – as sociedades comerciais;

1. Por ser o intuito de **lucro** inerente às sociedades comerciais, obviamente que essas não podem ser qualificadas como OSCIP.

II – os sindicatos, as associações de classe ou de representação de categoria profissional;

1. Essas pessoas jurídicas têm finalidade específica de existência (a representação de seus filiados ou dos membros da categoria). Por isso, ainda que a CLT, por exemplo, preveja a possibilidade de que sindicatos exerçam atividades assistenciais voltadas aos membros da categoria representada, *pela própria restrição do âmbito destas atividades e pela própria finalidade específica de existência* do sindicato, não pode este ser qualificado como OSCIP.

III – as **instituições religiosas** ou voltadas para a disseminação de credos, cultos, práticas e visões devocionais e confessionais;

1. Trata-se de materialização do **caráter laico** do Estado brasileiro.

→ **Aplicação em concurso.**

- *Juiz Federal – 4ª Região (2014)*

  "Independentemente das atividades às quais se dediquem, nunca poderão ser qualificadas como OSCIPs, entre outras, as instituições religiosas ou voltadas à disseminação de credos, cultos, práticas e visões devocionais e confessionais, as fundações públicas e as empresas que comercializem planos de saúde."

  Resposta: a alternativa está correta.

- *Juiz de Direito – TJDFT (2014)*

  "As instituições religiosas podem qualificar-se como OSCIPs, desde que não tenham fins lucrativos e os respectivos objetivos sociais e normas estatutárias atendam aos requisitos instituídos por lei.."

  Resposta: a alternativa está incorreta.

- *Juiz Federal – 3ª Região (2016)*

  "Não são passíveis de qualificação como Organizações da Sociedade Civil de Interesse Público, as sociedades comerciais, os sindicatos, as associações de classe ou de representação de categoria profissional, nem as instituições religiosas ou voltadas para a disseminação de credos, cultos, práticas e visões devocionais e confessionais."

  Resposta: a alternativa está correta.

IV – as **organizações partidárias** e assemelhadas, inclusive suas fundações;

1. Os partidos políticos e suas fundações têm, igualmente, uma finalidade específica de existência, obviamente incompatível com a qualificação como OSCIP.

V – as entidades de **benefício mútuo** destinadas a proporcionar bens ou serviços a um **círculo restrito de associados ou sócios**;

1. A vedação está ligada tanto à restrição de objeto ("benefício mútuo") quanto à restrição de abrangência ("círculo restrito de associados ou sócios").

VI – as entidades e empresas que **comercializam planos de saúde** e assemelhados;

1. A vedação, mais uma vez, está ligada à **finalidade lucrativa**.

VII – as instituições hospitalares privadas **não gratuitas** e suas mantenedoras;

1. Ainda que possa não ter finalidade lucrativa, a **prestação não gratuita** do serviço público impede a qualificação da pessoa jurídica como OSCIP.

→ **Aplicação em concurso.**

- *Juiz Federal – 1ª Região (2011)*

  "As instituições hospitalares não gratuitas e as cooperativas são aptas para o recebimento da qualificação de organizações da sociedade civil de interesse público, nos termos da legislação de regência."

  Resposta: A alternativa está incorreta

VIII – as escolas privadas dedicadas ao ensino formal **não gratuito** e suas mantenedoras;

1. *Idem.*

IX – as organizações sociais;

1. As organizações sociais são objeto de legislação própria. Não faria qualquer sentido, portanto, que uma entidade já qualificada como OS fosse, ainda, qualificada como OSCIP.

→ **Aplicação em concurso.**

- *Juiz Federal – 2ª Região (2009)*
  "Não podem ser qualificadas como OSCIPs as organizações sociais."
  Resposta: A alternativa está correta

X – as cooperativas;

1. Embora não tenham finalidade lucrativa, as cooperativas são criadas **em benefício dos cooperados**. Assim, não há possibilidade de que sejam qualificadas como OSCIP.

→ **Aplicação em concurso.**

- *Juiz de Direito/ES (2009)*
  "As cooperativas que se dedicam à promoção da assistência social são passíveis de qualificação como OSCIP."
  Resposta: A alternativa está incorreta.

- *Juiz Federal – 1ª Região (2011)*
  "As instituições hospitalares não gratuitas e as cooperativas são aptas para o recebimento da qualificação de organizações da sociedade civil de interesse público, nos termos da legislação de regência."
  Resposta: A alternativa está incorreta

- *Juiz Federal – 1ª Região (2009)*
  "Uma cooperativa qualificada como OSCIP poderá colaborar com o poder público para o fomento e a execução das atividades de interesse público, após a realização de consulta ao conselho de políticas públicas da respectiva área de atuação."
  Resposta: A alternativa está incorreta

XI – as fundações públicas;

- *Juiz Federal – 5ª Região (2014)*
  "São passíveis de qualificação como OSCIP, entre outras entidades, as fundações públicas e as sociedades civis ou associações de direito privado, desde que se dediquem a atividades e objetivos sociais descritos na Lei n.º 9.790/1999, conhecida como Lei das OSCIPs."
  Resposta: a alternativa está errada.

1. Fundações **públicas** são pessoas jurídicas de **direito público**. Como a LOSCIP destina-se apenas a pessoas jurídicas de **direito privado**, obviamente que aquelas (além de lhes faltar, também obviamente, o caráter *não governamental*) jamais poderiam ser qualificadas como OSCIP.

XII – as fundações, sociedades civis ou associações de direito privado **criadas por órgão público** ou por **fundações públicas**;

1. Ainda que, nesse caso, se trate de pessoas jurídicas de direito privado, sua criação por "órgão público" ou por "fundação pública" lhes retira o caráter *não governamental*, daí por que, igualmente, não podem receber a qualificação de OSCIP.

XIII – as organizações creditícias que tenham **quaisquer tipo de vinculação com o sistema financeiro nacional** a que se refere o art. 192 da Constituição Federal.

1. A vedação decorre do exercício de **atividade financeira** – ainda que esta possa ser, por exemplo, voltada à destinação de crédito para aquisição ou construção de moradias populares.

Art. 3º A qualificação instituída por esta Lei, observado em qualquer caso, o **princípio da universalização dos serviços**, no respectivo âmbito de atuação das Organizações, somente será conferida às pessoas jurídicas de direito privado, sem fins lucrativos, cujos objetivos sociais tenham **pelo menos uma das seguintes finalidades**:

1. O art. 3º estabelece os **âmbitos de atuação social** necessários para que a pessoa jurídica de direito privado seja qualificada como OSCIP. Perceba-se ser necessário o atendimento a **pelo menos** uma das finalidades previstas nos incisos que seguem.

▶ **Jurisprudência do Tribunal Regional Federal da 5ª Região:**

"AGRAVO DE INSTRUMENTO. LICITAÇÃO. AUSÊNCIA DE APRESENTAÇÃO DE CAPITAL SOCIAL. OSCIP (ORGANIZAÇÃO DA SOCIEDADE CIVIL DE INTERESSE PÚBLICO). IMPOSSIBILIDADE DE EXERCÍCIO DE ATIVIDADE LUCRATIVA. 1. Agravo de instrumento manejado pelo IDSTP (INSTITUTO DE

DESENVOLVIMENTO SOCIAL E DO TRABALHO DE PERNAMBUCO) contra decisão que, em sede de mandado de segurança contra atos imputados ao Presidente e Pregoeiro da Comissão Permanente de Licitação da Universidade Federal Rural de Pernambuco, indeferiu pedido liminar a fim de suspender a concorrência nº 02/2009 (para exploração de restaurante universitário) e assegurar a habilitação do ora agravante no certame em questão; 2. Da análise dos autos observa-se que o ora agravante justifica a ausência de apresentação de Capital Social em seu balanço comercial, motivo que justificou sua inabilitação no certame em questão, sob o fundamento de que, sendo uma OSCIP (Organização da Sociedade Civil de Interesse Público), tal documentação corresponde ao Patrimônio Social'; 3. **Nos termos dos art. 3º da Lei nº 9.790/99, podem se qualificar como OSCIP (Organização da Sociedade Civil de Interesse Público) as pessoas jurídicas de direito privado, sem fins lucrativos. Desta forma, as pessoas jurídicas qualificadas como OSCIP's não podem exercer atividade comercial, ou seja, atividade com intuito lucrativo;** 4. Como bem fundamentou a decisão agravada, a exploração de atividade comercial de restaurante não se enquadra no âmbito de atuação das Organizações da Sociedade Civil de Interesse Público, elencadas na Lei nº 9.790/99. Assim, tal vedação, por si só, constitui óbice legal ao deferimento da pretensão do ora agravante em participar de licitação; 5. Ademais, observe-se que o licitante, ora agravante, não impugnou, oportunamente, o Edital da Concorrência, objeto do presente agravo, nos termos do art. 41, parágrafo 2º da Lei nº 8.666/93, que fixou, como requisito de habilitação jurídica, a comprovação de capital social, deixando para se valer desse argumento apenas após sua inabilitação, o que fragiliza sua pretensão; 6. Agravo de instrumento improvido." (AG 00029938820104050000, Desembargador Federal Paulo Roberto de Oliveira Lima, TRF5 – Terceira Turma, DJE – Data::07/05/2010 – Página::337.)

2. A necessidade de observância ao **princípio da universalização dos serviços** impede que seja qualificada como OSCIP entidade com atuação restrita ao atendimento de determinados grupos ou seguimentos sociais.

I – promoção da **assistência social**;

II – promoção da **cultura**, defesa e conservação do **patrimônio histórico e artístico**;

III – promoção **gratuita** da **educação**, observando-se a forma complementar de participação das organizações de que trata esta Lei;

IV – promoção **gratuita** da **saúde**, observando-se a forma complementar de participação das organizações de que trata esta Lei;

► **Jurisprudência do Tribunal Regional Federal da 3ª Região:**

"ADMINISTRATIVO – MANDADO DE SEGURANÇA – CONSELHO REGIONAL DE FARMÁCIA DO ESTADO DE MATO GROSSO DO SUL – OSCIP – COMÉRCIO DE MEDICAMENTOS – IMPOSSIBILIDADE – ARTIGO 6º DA LEI Nº 5.991/73 – NECESSIDADE DE SE CONSTITUIR EM FARMÁCIA, DROGARIA, POSTO DE MEDICAMENTOS OU DISPENSÁRIO DE MEDICAMENTOS. I – A impetrante SAMS – Sistema Assistencial de Medicamentos e Saúde é uma OSCIP (Organização da Sociedade Civil de Interesse Público) que tem por objetivos sociais (art. 2º do estatuto): a) promoção e desenvolvimento de programas e atividades de assistência social de saúde; b) organização de campanhas de prevenção da saúde, desenvolvimento de programas de apoio à saúde dos trabalhadores; c) formação de parcerias com unidades de atendimento como: laboratórios de análise clínica, centro de imagem e diagnóstico, assistência ambulatorial, internação e transporte; d) promoção de treinamentos, capacitação, seminários, congressos, feiras, exposições, cursos e eventos voltados à área de saúde e assistência social; e) gerenciamento de programa assistencial de medicamentos que proporcione a seus associados e parceiros o acesso a qualquer tipo de medicação pelo menor preço; f) administração de unidades hospitalares e de saúde; g) gerenciamento de central de compras de materiais e equipamentos na área da saúde e assistência social. II – No cartão do Cadastro Nacional de Pessoa Jurídica (CNPJ) consta como atividade principal "atividades de associações de defesa de direitos sociais" e, como secundárias, "atividades de organizações associativas ligadas à cultura e à arte" e "atividades associativas não especificadas anteriormente". III – **O comércio de medicamentos é regulado pela Lei nº 5.991/73, cujo artigo 5º dispõe de forma clara que o comércio de drogas, medicamentos e de insumos farmacêuticos é privativo das empresas e dos estabelecimentos definidos em lei.** O artigo 6º veicula rol numerus clausus dos estabelecimentos que poderão realizar a dispensação de medicamentos, a saber: farmácia, drogaria, posto de medicamento e unidade volante e dispensário de medicamentos. IV – **A apelante não se encaixa em nenhum dos estabelecimentos designados pela lei, não possuindo uma farmácia ou drogaria legalmente constituídas, de forma que não pode exercer o comércio de medicamentos, mesmo que sem fim lucrativo e com intuito social**. V – A licença obtida junto à Vigilância Sanitária configura apenas um pressuposto a ser preenchido por aquele que pretende realizar o comércio de medicamentos, devendo ser observadas as demais disposições contidas na Lei nº 5.991/73. VI – **O fato de a Lei nº 9.790/99, que cria as OSCIPs, ser posterior à Lei nº 5.991/73 não beneficia a apelante, pois normatizam situações diversas e independentes, não havendo revogação de uma pela outra, coexistindo ambas harmoniosamente.** VII – A apelante pessoa física não está impedida de trabalhar, haja vista a possibilidade de exercer o seu labor em qualquer outro estabelecimento farmacêutico. VIII – Apelação improvida." (AMS 200760000100139, DESEMBARGADORA FEDERAL CECILIA MARCONDES, TRF3 – TERCEIRA TURMA, DJF3 CJ1 DATA:13/05/2011 PÁGINA: 473.)

– Nesse julgado do TRF3, discutiu-se a possibilidade de entidade qualificada como OSCIP poder exercer o comércio de medicamentos. Como esta atividade é disciplinada por lei específica (*Lei n. 5.991/73*), entendeu-se que a simples qualificação como OSCIP não tem qualquer relação com o preenchimento dos requisitos legais específicos. Assim, *para exercer o comércio de medicamentos, a OSCIP deve atender às exigências estabelecidas em lei própria, não tendo qualquer interferência, para tanto, a qualificação como OSCIP.*

V – promoção da **segurança alimentar e nutricional**;

VI – defesa, preservação e conservação do **meio ambiente** e promoção do **desenvolvimento sustentável**;

VII – promoção do **voluntariado**;

VIII – promoção do **desenvolvimento econômico e social** e **combate à pobreza**;

IX – experimentação, não lucrativa, de **novos modelos sócio-produtivos** e de **sistemas alternativos** de produção, comércio, emprego e crédito;

X – **promoção de direitos** estabelecidos, **construção de novos direitos** e **assessoria jurídica gratuita** de interesse suplementar;

XI – promoção da **ética**, da **paz**, da **cidadania**, dos **direitos humanos**, da **democracia** e de **outros valores universais**;

XII – estudos e pesquisas, desenvolvimento de **tecnologias alternativas**, produção e divulgação de informações e conhecimentos técnicos e científicos que digam respeito às atividades mencionadas neste artigo.

XIII – estudos e pesquisas para o desenvolvimento, a disponibilização e a implementação de tecnologias voltadas à mobilidade de pessoas, por qualquer meio de transporte. (Incluído pela Lei 13.019, de 2014)

Parágrafo único. Para os fins deste artigo, a dedicação às atividades nele previstas configura-se mediante a **execução direta** de projetos, programas, planos de ações correlatas, por meio da **doação** de recursos físicos, humanos e financeiros, ou ainda pela **prestação de serviços intermediários de apoio** a outras organizações sem fins lucrativos e a órgãos do setor público que atuem em áreas afins.

→ **Aplicação em concurso.**

- *Juiz Federal – 5ª Região (2014)*

  "As pessoas jurídicas de direito privado que pretendem qualificar-se como OSCIPs não podem ter fins lucrativos e devem ter como objetivos, entre outros, a promoção gratuita da educação e da saúde, da segurança alimentar e nutricional e do voluntariado."

  Resposta: a alternativa está correta.

- *Juiz Federal – 3ª Região (2016)*

  "Dentre os objetos sociais possíveis para a qualificação instituída pela Lei nº 9.790/1999 está o de realização de estudos e pesquisas para o desenvolvimento, a disponibilização e a implementação de tecnologias voltadas à mobilidade de pessoas, por qualquer meio de transporte."

  Resposta: a alternativa está correta.

1. Segundo o par. único, há **três formas** de considerar que a pessoa jurídica de direito privado desenvolve as atividades contempladas no art. 3º, a saber:

1.1. Execução direta;

1.2. Doação de recursos *físicos, humanos* e *financeiros*; e

1.3. Prestação de serviços intermediários de apoio a outras ONGs ou ao próprio Poder Público.

► **Jurisprudência do Tribunal Regional Federal da 1ª Região:**

> "ADMINISTRATIVO. AÇÃO CIVIL PÚBLICA. ORGANIZAÇÕES DA SOCIEDADE CIVIL DE INTERESSE PÚBLICO – OSCIPs. TERMO DE PARCERIA. INOBSERVÂNCIA DA LEI Nº 9.790/99. EXECUÇÃO DO OBJETO DO TERMO POR EMPRESA SUBCONTRATADA. AUSÊNCIA DE PREVISÃO ESTATUTÁRIA PARA CONSTRUÇÃO DE OBRAS DE INFRA-ESTRUTURA. NULIDADE. OBRAS REALIZADAS. DIREITO AO RESSARCIMENTO PELAS OBRAS JÁ REALIZADAS. I – A Lei nº 9.790/99 permite a celebração de termo de parceria entre o Poder Público e as organizações da sociedade civil de interesse público, para execução das atividades nela elencadas, que deverão ser realizadas diretamente pelo parceiro (art. 3º, parágrafo único), **afrontando, pois, a legislação de regência, a celebração do termo de parceria para construção de obras de infra-estrutura, quando a empresa parceira, de**

acordo com o seu estatuto, não tem como finalidade social a execução das aludidas obras públicas, utilizando-se de empresas subcontratadas para tal, como no caso. II – Reconhecida a nulidade parcial do termo de parceria firmado, sem a observância da Lei nº 9.790/99, no que se refere à construção de obras públicas, **a condenação da parceira à devolução da verba recebida para realização das referidas obras deve ser limitada ao montante que ultrapassar os valores das obras já realizadas, de modo a não ensejar o enriquecimento ilícito da Administração.** (...)." (AC 200543000018285, DESEMBARGADOR FEDERAL SOUZA PRUDENTE, TRF1 – SEXTA TURMA, DJ DATA:26/11/2007 PAGINA:113.)

Art. 4º Atendido o disposto no art. 3º, exige-se ainda, para qualificarem-se como Organizações da Sociedade Civil de Interesse Público, que as pessoas jurídicas interessadas sejam regidas por **estatutos cujas normas expressamente disponham sobre**:

I – a observância dos princípios da **legalidade**, **impessoalidade**, **moralidade**, **publicidade**, **economicidade** e da **eficiência**;

1. O inciso I estabelece a necessidade de que o estatuto da entidade a ser qualificada como OSCIP submeta a pessoa jurídica de direito privado aos **princípios constitucionais da Administração Pública** (art. 37, *caput*, da CRFB), ao lado dos quais é arrolada a **economicidade –** que a LOS, como visto, parece tratar como sinônimo da eficiência.

II – a adoção de práticas de gestão administrativa, necessárias e suficientes a **coibir a obtenção**, de forma individual ou coletiva, **de benefícios** ou **vantagens pessoais**, em decorrência da participação no respectivo processo decisório;

1. Como materialização dos princípios da **impessoalidade** e da **moralidade**, deve o estatuto da entidade prever a adoção de práticas de gestão administrativa que previnam o favorecimento de determinada pessoa ou grupo.
2. Segundo o art. 7º do Decreto n.º 3.100/99 (Regulamento da LOSCIP):

> "Entende-se como benefícios ou vantagens pessoais, nos termos do inciso II do art. 4°da Lei nº 9.790, de 1999, os obtidos:

"I – pelos dirigentes da entidade e seus cônjuges, companheiros e parentes colaterais ou afins até o terceiro grau;

"II – pelas pessoas jurídicas das quais os mencionados acima sejam controladores ou detenham mais de dez por cento das participações societárias."

III – a constituição de **conselho fiscal** ou órgão equivalente, dotado de competência para opinar sobre os relatórios de desempenho financeiro e contábil, e sobre as operações patrimoniais realizadas, emitindo pareceres para os organismos superiores da entidade;

IV – a previsão de que, em caso de **dissolução** da entidade, o respectivo patrimônio líquido será transferido **a outra pessoa jurídica qualificada nos termos desta Lei**, preferencialmente que tenha o **mesmo objeto social** da extinta;

1. A necessidade de destinação do patrimônio da OSCIP dissolvida para outra, preferencialmente com o mesmo objeto social, é materialização do requisito de **ausência de finalidade lucrativa** da entidade, visando, ainda, a perpetuação do fomento da mesma atividade social da entidade extinta.

V – a previsão de que, na hipótese de a pessoa jurídica **perder a qualificação** instituída por esta Lei, o respectivo **acervo patrimonial disponível, adquirido com recursos públicos** durante o período em que perdurou aquela qualificação, será transferido **a outra pessoa jurídica qualificada nos termos desta Lei**, preferencialmente que tenha o **mesmo objeto social**;

1. O inciso V trata da **desqualificação** da entidade. Nessa hipótese, a pessoa jurídica permanece existindo (ou seja, não é dissolvida – a dissolução é contemplada pelo inciso IV). Contudo, os bens adquiridos **com recursos públicos** durante o período em que perdurou a qualificação como OSCIP, devem ser destinados, necessariamente, a outra OSCIP, preferencialmente com o mesmo objeto social.

2. Não existindo OSICP nessa situação, há que se entender que os bens adquiridos com recursos públicos devem reverter à própria Administração Pública. Ainda que não haja previsão expressa na LOSCIP, aplica-se por analogia, aqui, o art. 16, § 2º, da LOS.

VI – a possibilidade de se instituir **remuneração** para os **dirigentes** da entidade que atuem efetivamente na **gestão executiva** e para aqueles que a ela **prestam serviços específicos**, respeitados, em ambos os casos, os **valores praticados pelo mercado**, na região correspondente a sua área de atuação;

1. A **remuneração** dos **dirigentes** da OSCIP é possível. Contudo, devem ser observados os seguintes requisitos:

   1.1. Atuem na **gestão executiva** ou prestem **serviços específicos**; e

   1.2. Sejam observados os **valores praticados pelo mercado** (exigência ligada, novamente, aos princípios da impessoalidade e da moralidade).

VII – as **normas de prestação de contas** a serem observadas pela entidade, que determinarão, no mínimo:

a) a observância dos **princípios fundamentais de contabilidade** e das **Normas Brasileiras de Contabilidade**;

b) que se dê **publicidade** por qualquer meio eficaz, no **encerramento do exercício fiscal**, ao relatório de atividades e das demonstrações financeiras da entidade, incluindo-se as certidões negativas de débitos junto ao INSS e ao FGTS, colocando-os à disposição para exame de qualquer cidadão;

c) a realização de **auditoria**, inclusive por auditores externos independentes se for o caso, da aplicação dos eventuais recursos objeto do termo de parceria conforme previsto em regulamento;

d) a **prestação de contas de todos os recursos e bens de origem pública** recebidos pelas Organizações da Sociedade Civil de Interesse Público será feita conforme determina o **parágrafo único do art. 70 da Constituição Federal.**

1. O inciso VII trata da disciplina estatutária da prestação de contas da OSCIP.
2. A alínea *b* trata da incidência do princípio constitucional da **publicidade** à prestação de contas das OSCIPs. Assim, há previsão de publicação anual ("no encerramento do exercício fiscal") do "relatório de atividades e das demonstrações financeiras da entidade", o que inclui certidões negativas de débitos junto ao INSS e ao FGTS – *o que dá a entender que a inadimplência junto ao INSS e ao FGTS pode implicar, inclusive, a desqualificação da entidade.*

3. A prestação de contas de recursos públicos recebidos pela OSCIP submete-se a controle pelo **Tribunal de Contas da União** (art. 70, par. único, da CRFB).

→ **Aplicação em concurso.**

- *Juiz Federal – 2ª Região (2011)*
  "As entidades que integram o terceiro setor não se sujeitam a controle de tribunal de contas, dada a natureza privada de sua organização."
  Resposta: A alternativa está incorreta.

Parágrafo único. É permitida a participação de servidores públicos na composição de conselho ou diretoria de Organização da Sociedade Civil de Interesse Público. (Redação dada pela Lei 13.019, de 2014)

1. Diferentemente da LOS (que **determina** a participação de representantes do Poder Público no conselho de administração das OS), a LOSCIP **faculta** a participação de servidores públicos na "composição de conselho" das OSCIPs. A redação anterior do dispositivo expressamente proibia a "percepção de remuneração ou subsídio, a qualquer título", vedação não mais existente após a entrada em vigor da Lei 13.019/2014.

→ **Aplicação em concurso.**

- *Juiz Federal – 1ª Região (2009)*
  "É vedada a participação de servidores públicos na composição do conselho de OSCIP."
  Resposta: A alternativa está incorreta.

- *Juiz Federal – 3ª Região (2011)*
  "Os conselhos de administração das OSCIPs devem obrigatoriamente ser compostos por representantes do poder público, definidos pelos estatutos das entidades."
  Resposta: A alternativa está incorreta.

2. Ainda que se trate de *mera faculdade*, pode-se, igualmente, questionar, em tese, a constitucionalidade deste dispositivo, por implicar indevida ingerência do Estado sobre a organização interna de pessoa jurídica de direito privado.

Art. 5º Cumpridos os requisitos dos arts. 3º e 4º desta Lei, a pessoa jurídica de direito privado sem fins lucrativos, interessada em obter a qualificação instituída por esta Lei, deverá **formular requerimento escrito ao Ministério da Justiça**, instruído com cópias autenticadas dos seguintes documentos:

1. Como já mencionado, a LOSCIP prevê a **qualificação** como OSCIP como um **ato administrativo vinculado**. Vale dizer, **preenchidos os requisitos** dos arts. 3º e 4º da lei, será a qualificação outorgada à pessoa jurídica de direito privado (relembra-se, ainda, que o regime de colaboração com o Poder Público, mediante "termo de compromisso" é facultativo e não obrigatório).

2. O requerimento para qualificação será dirigido **ao Ministério da Justiça** (a qualificação como OSCIP, relembra-se, é dada por *portaria do Ministro da Justiça*), e deve ser instruído com os documentos previstos nos incisos do art. 5º da LOSCIP.

I – estatuto registrado em cartório;

II – ata de eleição de sua atual diretoria;

III – balanço patrimonial e demonstração do resultado do exercício;

IV – declaração de isenção do imposto de renda;

V – inscrição no Cadastro Geral de Contribuintes.

Art. 6º Recebido o requerimento previsto no artigo anterior, o Ministério da Justiça decidirá, no **prazo de trinta dias**, deferindo ou não o pedido.

§ 1º No caso de **deferimento**, o Ministério da Justiça emitirá, no **prazo de quinze dias** da decisão, **certificado de qualificação** da requerente como Organização da Sociedade Civil de Interesse Público.

§ 2º **Indeferido** o pedido, o Ministério da Justiça, **no prazo do § 1º, dará ciência da decisão**, mediante **publicação no Diário Oficial**.

§ 3º O pedido de qualificação **somente será indeferido** quando:

I – a requerente enquadrar-se nas hipóteses previstas no art. 2º desta Lei;

II – a requerente não atender aos requisitos descritos nos arts. 3º e 4º desta Lei;

III – a documentação apresentada estiver incompleta.

1. O § 3º do art. 6º reforça o **caráter vinculado** do ato administrativo de qualificação. O deferimento ou indeferimento do requerimento de qualificação está ligado ao preenchimento de requisitos legais.
2. Estando presentes quaisquer das **vedações** contidas no art. 2º, o requerimento será indeferido.
3. Somente se estiverem **preenchidos todos os requisitos** dos arts. 3º e 4º pode ser outorgada a qualificação.
4. O indeferimento do requerimento com base em "**documentação incompleta**" (inciso III), perceba-se, *não impede que seja formulado novo pedido*, desta vez apresentando-se todos os documentos exigidos pela lei.

> **Art. 7º Perde-se a qualificação** de Organização da Sociedade Civil de Interesse Público, **a pedido** ou mediante **decisão** proferida em **processo administrativo ou judicial**, de iniciativa popular ou do Ministério Público, no qual serão assegurados, ampla defesa e o devido contraditório.

1. A **desqualificação** de uma OSCIP pode-se dar:

   1.1. A pedido – hipótese em que não há mais interesse da própria pessoa jurídica na qualificação. Por razões óbvias, não se há falar, nesse caso, em ampla defesa e contraditório, na medida em que não é necessário, propriamente, um processo administrativo, senão *simples procedimento*;

   1.2. Por **decisão judicial**;

   1.3. Por decisão em **processo administrativo**;

2. Nas duas últimas hipóteses, devem ser assegurados a ampla defesa e o contraditório (previsão legal inócua, na medida em que se trata de princípios constitucionais – art. 5º, LV, da CRFB).
3. A LOSCIP consagra, para instauração de processo administrativo ou judicial que culmine com a desqualificação da OSCIP, **legitimidade** para **qualquer cidadão** (o art. 8º explicita o significado da "iniciativa popular" prevista no art. 7º) e para o **Ministério Público**. Na verdade, *uma vez celebrado o termo de parceria*, trata-se de hipóteses assimiláveis, respectivamente, à **ação popular** (Lei n. 4.717/65) e à **ação civil pública por improbidade administrativa** (Lei n. 8.429/92).

4. *Salvo quando efetivada a pedido*, a desqualificação de uma OSCIP terá sempre o caráter de **sanção.** Isso porque, como a qualificação é ato vinculado (ou seja, preenchidos determinados requisitos previsto na lei, a qualificação é devida), a desqualificação decorrerá da *inobservância posterior dos mesmos requisitos*, ou da *prática de infração ao termo de parceria.*

→ **Aplicação em concurso.**

- *PGE/PE (2009)*

  "A organização civil de interesse público pode perder a qualificação a pedido ou mediante decisão em processo administrativo, assegurado o contraditório e a ampla defesa."

  Resposta: A alternativa está correta.

- *Juiz Federal – 1ª Região (2009)*

  "A perda da qualificação de OSCIP ocorre a pedido ou mediante decisão proferida em processo administrativo ou judicial, de iniciativa popular ou do MP, no qual serão assegurados a ampla defesa e o contraditório."

  Resposta: A alternativa está correta

► **Jurisprudência do Tribunal Regional Federal da 1ª Região:**

"CONSTITUCIONAL E ADMINISTRATIVO. MANDADO DE SEGURANÇA. PROCESSO ADMINISTRATIVO. VIOLAÇÃO AOS PRINCÍPIOS CONSTITUCIONAIS DA AMPLA DEFESA E DO CONTRADITÓRIO. I – O mandado de segurança é via adequada para garantir a notificação da Impetrante, a fim de que possa **exercitar o seu direito de defesa nos autos de procedimento administrativo, em que se pretende cancelar a sua classificação**, antes conferida pela autoridade impetrada, de Organização da Sociedade Civil de Interesse Público – OSCIP, prestigiando-se, assim, a garantia constitucional do devido processo legal, devida a todos os litigantes, na esfera judicial ou administrativa (Constituição Federal, art. 5º, LIV e LV). II -Remessa oficial desprovida." (REOMS 200634000338600, DESEMBARGADOR FEDERAL SOUZA PRUDENTE, TRF1 – SEXTA TURMA, DJ DATA:29/10/2007 PAGINA:105.)

Art. 8º Vedado o anonimato, e desde que amparado por fundadas evidências de erro ou fraude, **qualquer cidadão**, respeitadas as prerrogativas do **Ministério Público**, é **parte legítima** para requerer, judicial ou administrativamente, a perda da qualificação instituída por esta Lei.

1. A **iniciativa popular** para a instauração de **processo administrativo** visando à desqualificação da OSCIP decorre, antes do art. 8º, da LOS, do **direito de petição** consagrado constitucionalmente (art. 5º, XXXIV, *a*, da CRFB).
2. Quanto à iniciativa para processo judicial, ver nota **3** ao art. 7º.

CAPÍTULO II
Do termo de parceria

Art. 9º Fica instituído o **Termo de Parceria**, assim considerado o instrumento **passível** de ser firmado entre o Poder Público e as entidades qualificadas como Organizações da Sociedade Civil de Interesse Público destinado à **formação de vínculo de cooperação** entre as partes, para o **fomento** e a **execução** das atividades de interesse público previstas no art. 3º desta Lei.

1. O **termo de parceria**, instrumento pelo qual se estabelece o regime de cooperação entre a Administração Pública e a OSCIP, não é de subscrição obrigatória (diferentemente do que ocorre em relação ao **contrato de gestão,** obrigatoriamente firmado entre o Poder Público e a entidade qualificada como OS).

→ **Aplicação em concurso.**

- *Juiz Federal – 4ª Região (2014)*

  "O termo de parceria é o instrumento passível de ser firmado entre o Poder Público e as entidades qualificadas como Organizações da Sociedade Civil de Interesse Público (OSCIPs), destinado à formação de vínculo de cooperação entre as partes, para fomento e execução de atividades de interesse público, como, por exemplo, promoção da assistência social, da cultura, da defesa e da conservação dos patrimônios históricos e artísticos e dos estudos e pesquisas para desenvolvimento de tecnologias alternativas, atendidos os requisitos da Lei nº 9.790/99 e do Decreto nº 3.100/99."

  Resposta: A alternativa está correta.

- *Juiz Federal – 1ª Região (2009)*

  "Entende-se por contrato de gestão o instrumento firmado entre o poder público e a entidade qualificada como OSCIP, com vistas à formação de parceria entre as partes para fomento e execução de atividades relativas ao ensino, à pesquisa científica, ao desenvolvimento tecnológico, à proteção e preservação do meio ambiente, à cultura e à saúde."

  Resposta: A alternativa está incorreta.

- *Juiz Federal – 3ª Região (2011)*

"Denomina-se contrato de gestão o instrumento que, passível de ser firmado entre o poder público e as OSCIPs, seja destinado à formação de vínculo de cooperação para o fomento e a execução das atividades de interesse público."

Resposta: A alternativa está incorreta.

2. Uma vez firmado o termo de parceria, a **gestão global** do serviço público, de qualquer sorte, permanece a cargo da União. Por isso que sequer se deve falar em "delegação" do serviço à OSCIP (o que vai se estabelecer é um regime de cooperação).

→ **Aplicação em concurso.**

- *PGE/PE (2009)*

  "Tanto a organização social quanto a organização da sociedade civil de interesse público recebem ou podem receber delegação para a gestão de serviço público."

  Resposta: A alternativa está incorreta.

- *Juiz Federal – 2ª Região (2011)*

  "Aplica-se o princípio da especialidade quando a administração pública firma termo de parceria com organizações da sociedade civil de interesse público, visto que recebe ou pode receber delegação para a gestão do serviço público."

  Resposta: A alternativa está incorreta.

3. Na verdade, a qualificação de uma pessoa jurídica de direito privado como OSCIP é, inicialmente, **apenas reconhecimento de sua relevância social**. Uma vez reconhecida essa relevância, pode ser ou não firmado o **termo de parceria**, mediante juízo de conveniência e oportunidade a ser exercitado pela Administração Pública.

4. Ou seja, muito embora a **qualificação** como OSCIP seja *ato administrativo vinculado*, a **celebração do termo de parceria** é *discricionária*.

5. O termo de parceria é considerado pela LOSCIP como instrumento de **cooperação** entre a Administração Pública e a OSCIP, para o **fomento** e a **execução** dos serviços públicos sociais de responsabilidade desta. Não se presta, portanto, à contratação de prestadores de serviços terceirizados para o exercício de funções próprias da atividade fim da Administração. Se assim for utilizado, será evidente o *desvio de finalidade* e a burla ao regime jurídico-administrativo (em especial à regra da obrigatoriedade da licitação).

Relembre-se que, para a celebração do termo de parceria, não é necessária licitação (esta não é a natureza jurídica do "concurso de projetos"). Demais disso, a OSCIP, por ser uma pessoa jurídica de direito privado, relaciona-se com terceiros pelo regime do direito privado (dispensada a licitação, portanto). Logo se vê que **seria muito fácil a utilização de OSCIPs para driblar as exigências constitucionais e legais se a Administração Pública passasse simplesmente a utilizar do termo de parceria como forma de terceirizar serviços ligados diretamente à sua atividade-fim**. Essa postura é rechaçada pelo STF.

Vale dizer, a qualificação de entidades como OSCIP e a celebração de termo de parceria tem por objetivo o **fomento da Administração Pública às atividades do terceiro setor.**

► **Jurisprudência do Supremo Tribunal Federal:**

> "AGRAVO REGIMENTAL NO AGRAVO DE INSTRUMENTO. ADMINISTRATIVO. AÇÃO CIVIL PÚBLICA. SERVIDOR PÚBLICO. PROVIMENTO DE CARGOS PÚBLICOS POR FUNCIONÁRIOS TERCEIRIZADOS EM DETRIMENTO DE CANDIDATOS APROVADOS EM CONCURSO PÚBLICO. FUNÇÕES VINCULADAS ÀS ATIVIDADES FINS DO HOSPITAL DAS CLÍNICAS MANTIDO POR AUTARQUIA FEDERAL. ALEGAÇÃO DE VIOLAÇÃO À DISCRICIONARIEDADE ADMINISTRATIVA. INOCORRÊNCIA. DEVER DO ESTADO DE PROVER CARGOS PÚBLICOS NOS TERMOS DETERMINADOS PELA CONSTITUIÇÃO FEDERAL (ART. 37, II, CF). DECISÃO DO PLENÁRIO DESTA CORTE EM SEDE DE REPERCUSSÃO GERAL. 1. O provimento de cargos públicos deve se dar por meio de concurso público, nos termos do art. 37, II, da CF. 2. A determinação de provimento de cargos públicos por servidores aprovados em certame dentro do prazo de validade do concurso é medida que se impõe, não se revelando lícita a sua preterição para mantença de empregados terceirizados nas funções públicas. Precedente em repercussão geral: RE 598.099, Plenário, Relator o Min. GILMAR MENDES. 3. *In casu*, o acórdão recorrido assentou: 'CONSTITUCIONAL. ADMINISTRATIVO. AÇÃO CIVIL PÚBLICA. CONTRATAÇÃO INDIRETA DE PESSOAL, ATRAVÉS DE CONTRATO DE PRESTAÇÃO DE SERVIÇOS, COM OSCIP, INCLUINDO DENTRE OS TERCEIRIZADOS PESSOAL PARA EXERCÍCIO DE FUNÇÕES VINCULADAS AO CONJUNTO DE ATIVIDADES FINS DO HOSPITAL DAS CLÍNICAS. – A União Federal deve providenciar e fornecer os recursos necessários à viabilização do respectivo provimento dos cargos da Autarquia, mediante concurso público, sendo tal medida administrativa mera consequência lógica da procedência do pedido. – É juridicamente aceitável a celebração de termo de parceria entre o Poder Público e Organização da Sociedade Civil de Interesse Público – OSCIP, mas **torna-se incabível a utilização desse expediente, quando contratados prestadores de serviços terceirizados**

para o exercício de funções próprias da atividade fim da entidade pública. – Tal distorção mais se agrava quando comprovado que auxiliar de enfermagem aprovada em primeiro lugar no concurso para o cargo, não foi nomeada em detrimento de terceirizada que no mesmo concurso galgara posição posterior ao décimo lugar.– As contratações irregulares foram sobejamente identificadas nos autos e a obrigação do poder público viabilizar a regularização dessa situação é confirmada também pelas diversas manifestações do MPF. – Remessa oficial e apelação improvidas." 4. Agravo regimental DESPROVIDO.' (AI 848031 AgR, Relator(a): Min. LUIZ FUX, Primeira Turma, julgado em 07/02/2012, ACÓRDÃO ELETRÔNICO DJe-042 DIVULG 28-02-2012 PUBLIC 29-02-2012)

→ **Aplicação em concurso.**

- *Juiz Federal – 2ª Região (2013).*

  Segundo o STF, é juridicamente aceitável a celebração de termo de parceria entre o poder público e OSCIP, sendo possível, inclusive, a utilização desse expediente para a contratação de prestadores de serviço terceirizados para o exercício de funções próprias da atividade-fim da entidade pública.

  Resposta: a alternativa está incorreta.

6. Segundo o art. 9º-A do Decreto n. 3.100/99 (incluído pelo Decreto n. 7.568/2011):

> "Art. 9º-A. É vedada a celebração de Termo de Parceria com Organizações da Sociedade Civil de Interesse Público que tenham, em suas relações anteriores com a União, incorrido em pelo menos uma das seguintes condutas:
>
> "I – omissão no dever de prestar contas;
>
> "II – descumprimento injustificado do objeto de convênios, contratos de repasse ou termos de parceria;
>
> "III – desvio de finalidade na aplicação dos recursos transferidos;
>
> "IV – ocorrência de dano ao Erário; ou
>
> "V – prática de outros atos ilícitos na execução de convênios, contratos de repasse ou termos de parceria."

Como se pode ver (até mesmo como uma espécie de resposta à sociedade diante das crescentes notícias de malversação de recursos públicos repassados a OSCIPs), a União procurou deixar claro que a ocorrência de infrações pretéritas de deveres e responsabilidades, por parte de OSCIPs, impede a celebração de novos termos de parceria com o Poder Público federal.

7. Exige-se, pelo art. 9º, III, do Decreto n. 3.100/99 (Regulamento da LOSCIP), para celebração do termo de parceria, que a OSCIP tenha exercido as atividades objeto do termo de parceria há, pelo menos, **três anos** – espécie de "carência" para celebração do termo de parceria.

8. A discricionariedade (comentários **3** e **4**, acima), contudo, apenas é verificada quanto à conveniência e oportunidade do *momento* da celebração do termo de parceria, mas é **mitigada** em relação à OSCIP com quem a União o celebrará. Isso porque **o art. 23 do Decreto n. 3.100/99 (Regulamento da LOSCIP) estabelece que a celebração de termo de parceria será precedida de "edital de concurso de projetos"**.

> "Art. 23. A escolha da Organização da Sociedade Civil de Interesse Público, para a celebração do Termo de Parceria, deverá ser feita por meio de publicação de edital de concursos de projetos pelo órgão estatal parceiro para obtenção de bens e serviços e para a realização de atividades, eventos, consultoria, cooperação técnica e assessoria." (Redação dada pelo Decreto n. 7.568, de 2011)

Trata-se, como se pode ver, de previsão que objetiva dar maior *impessoalidade* e *objetividade* à celebração de termo de parceria.

9. De acordo com o § 2º do art. 23 do mesmo Decreto n. 3.100/99, apenas pode ser excepcionada a exigência da realização de "concurso de projetos":

> "I – nos casos de emergência ou calamidade pública, quando caracterizada situação que demande a realização ou manutenção de Termo de Parceria pelo prazo máximo de cento e oitenta dias consecutivos e ininterruptos, contados da ocorrência da emergência ou calamidade, vedada a prorrogação da vigência do instrumento; (Incluído pelo Decreto n. 7.568, de 2011)
>
> "II – para a realização de programas de proteção a pessoas ameaçadas ou em situação que possa comprometer sua segurança; ou (Incluído pelo Decreto n. 7.568, de 2011)
>
> "III – nos casos em que o projeto, atividade ou serviço objeto do Termo de Parceria já seja realizado adequadamente com a mesma entidade há pelo menos cinco anos e cujas respectivas prestações de contas tenham sido devidamente aprovadas." (Incluído pelo Decreto n. 7.568, de 2011)

10. Outra importante previsão, na linha da incidência dos princípios da impessoalidade e da moralidade, é a de que "Instaurado o processo de seleção por concurso, é vedado ao Poder Público celebrar Termo de Parceria para o mesmo objeto, fora do concurso iniciado" (§ 3º do art. 23 do Decreto n. 3.100/99, incluído pelo Decreto n. 7.568/2011).

11. Quanto ao mais, a disciplina do concurso de projetos é encontrada nos arts. 24 a 31 do Decreto n. 3.100/99).

12. A celebração de termo de parceria em relação às atividades objeto do Sistema Único de Saúde (SUS) prescinde do "concurso de projetos" e da "carência" de três anos (comentário n. **5**, acima), de acordo com o art. 31-B do Decreto n. 3.100/99:

> "Art. 31-B. As exigências previstas no inciso III do caput do art. 9o e no art. 23 não se aplicam aos termos de parceria firmados pelo Ministério da Saúde voltados ao fomento e à realização de serviços de saúde integrantes do Sistema Único de Saúde – SUS." (Incluído pelo Decreto nº 7.568, de 2011)

13. Em 04 de janeiro de 2019 foi editada a Lei 13.800/2019, que autoriza a Administração Pública a firmar, dentre outras figuras, "instrumentos de parceria" com entidade gestoras de fundos patrimoniais. O artigo 31 da mesma Lei 13.800/2019 esclarece que o "instrumento de parceria" previsto naquela lei não tem nenhuma relação com o "termo de parceria" da LOSCIP, vedando a aplicação desta nas hipóteses disciplinadas por aquela.

Art. 10. O Termo de Parceria firmado de comum acordo entre o Poder Público e as Organizações da Sociedade Civil de Interesse Público discriminará **direitos**, **responsabilidades** e **obrigações** das partes signatárias.

§ 1º A celebração do Termo de Parceria será **precedida** de **consulta** aos **Conselhos de Políticas Públicas** das áreas correspondentes de atuação existentes, **nos respectivos níveis de governo**.

1. A "consulta aos Conselhos de Políticas Públicas" prévia à celebração do termo de parceria é requisito de transparência decorrente dos princípios constitucionais da *impessoalidade* e da *moralidade*.

2. Interessante notar que o dispositivo prevê a consulta aos conselhos de políticas públicas existentes "nos respectivos níveis de governo." Vale dizer, conquanto a qualificação e o termo de parceria sejam atos a cargo do governo federal, serão ouvidos os conselhos de políticas públicas estadual e municipal, acaso existentes.

→ **Aplicação em concurso.**

- *Juiz Federal – 3ª Região (2011)*

  "O termo de parceria é ajuste que somente se consuma após aprovação do ministro de Estado ou de autoridade supervisora da área correspondente à atividade fomentada."

  Resposta: A alternativa está incorreta.

§ 2º São **cláusulas essenciais** do Termo de Parceria:

I – a do **objeto**, que conterá a **especificação do programa de trabalho** proposto pela Organização da Sociedade Civil de Interesse Público;

II – a de estipulação das **metas** e dos **resultados** a serem atingidos e os respectivos **prazos** de execução ou **cronograma**;

III – a de previsão expressa dos **critérios objetivos de avaliação de desempenho** a serem utilizados, mediante **indicadores de resultado**;

IV – a de previsão de **receitas** e **despesas** a serem realizadas em seu cumprimento, estipulando item por item as **categorias contábeis** usadas pela organização e o detalhamento das **remunerações** e **benefícios de pessoal** a serem pagos, com **recursos oriundos ou vinculados ao Termo de Parceria**, a seus diretores, empregados e consultores;

V – a que estabelece as obrigações da Sociedade Civil de Interesse Público, entre as quais a de apresentar ao Poder Público, ao **término de cada exercício**, **relatório** sobre a execução do objeto do Termo de Parceria, contendo **comparativo** específico das metas propostas com os resultados alcançados, acompanhado de prestação de contas dos gastos e receitas efetivamente realizados, independente das previsões mencionadas no inciso IV;

VI – a de **publicação**, na **imprensa oficial do Município, do Estado ou da União**, conforme o alcance das atividades celebradas entre o órgão parceiro e a Organização da Sociedade Civil de Interesse Público, de **extrato do Termo de Parceria** e de **demonstrativo da sua execução física e financeira**, conforme modelo simplificado estabelecido no regulamento desta Lei, contendo os dados principais da documentação obrigatória do inciso V, sob pena de não liberação dos recursos previstos no Termo de Parceria.

1. Nos incisos do § 2º estão previstas cláusulas ligadas à **transparência** na **celebração** e na **execução** do termo de parceria. Trata-se, obviamente, de materializações dos princípios da publicidade e da impessoalidade, e da necessidade de prestação de contas decorrente da aplicação de recursos públicos.

→ **Aplicação em concurso.**

- *Juiz de Direito/ES (2009)*
  "Entre as cláusulas essenciais do termo de parceria firmado com a OSCIP previstas na legislação de regência, figura a prestação de garantia."
  Resposta: A alternativa está incorreta.

Art. 11. A execução do objeto do Termo de Parceria será acompanhada e fiscalizada por **órgão do Poder Público da área de atuação** correspondente à atividade fomentada, e pelos **Conselhos de Políticas Públicas** das áreas correspondentes de atuação existentes, em cada nível de governo.

§ 1º Os **resultados** atingidos com a execução do Termo de Parceria devem ser **analisados** por **comissão de avaliação**, composta de comum acordo entre o órgão parceiro e a Organização da Sociedade Civil de Interesse Público.

§ 2º A comissão encaminhará à autoridade competente **relatório conclusivo** sobre a avaliação procedida.

§ 3º Os Termos de Parceria destinados ao fomento de atividades nas áreas de que trata esta Lei estarão sujeitos aos **mecanismos de controle social** previstos na legislação.

1. **O art. 11 trata de duas hipóteses distintas:**

   1.1. No *caput,* do acompanhamento e da fiscalização da execução do termo de parceira por **órgão da Administração Pública federal da área da atuação** (exemplificativamente, se o termo de parceria diz respeito a atividades de saúde, o acompanhamento e a fiscalização será realizado pelo Ministério da Saúde) e por **conselhos de políticas públicas** da respectiva área, federal, estadual e municipal.

   1.2. Nos §§ 1º e 2º, da avaliação dos **resultados** por **comissão** especificamente criada para esse fim, composta conjuntamente pela OSCIP e o "órgão parceiro" – normalmente o Ministério de Estado da área objeto do termo de parceria.

Art. 12. Os **responsáveis pela fiscalização** do Termo de Parceria, ao tomarem conhecimento de qualquer **irregularidade** ou **ilegalidade** na utilização de recursos ou bens de origem pública pela organização parceira, darão **imediata ciência ao Tribunal de Contas** respectivo e ao **Ministério Público, sob pena de responsabilidade solidária**.

1. A previsão de ciência ao TCU de qualquer irregularidade ou ilegalidade na utilização de recursos ou bens públicos pela OSCIP, como medida **repressiva** da eventual malversação de recursos públicos não exclui, por óbvio, a atividade de controle a ser **ordinariamente** realizada pela Corte de contas (prevista expressamente no art. 4º, VII, *a,* da LOSCIP) *e* pelos demais ór-

gãos responsáveis no âmbito da Administração Pública federal (art. 11 da LOSCIP).

2. **Responsabilidade solidária do agente público:**

Acaso o responsável pela fiscalização no âmbito da Administração Pública **não proceda** à comunicação ao TCU e ao Ministério Público, prevista no art. 12 da LOSCIP, será ele **responsabilizado de forma solidária** pelos prejuízos ao erário apurados. Essa possibilidade de responsabilidade solidária do agente público incumbido da fiscalização da aplicação de recursos públicos não é novidade – já está prevista em outros diplomas legais – e, em suma, equipara, para fins de recomposição patrimonial, a **omissão no controle** ao **ato danoso em si.**

→ **Aplicação em concurso.**

- *Juiz Federal – 2ª Região (2013)*

  Os responsáveis pela fiscalização do termo de parceria, ao tomarem conhecimento de qualquer irregularidade ou ilegalidade na utilização de recursos ou bens da organização parceira, deverão dar imediata ciência ao tribunal de contas respectivo e ao MP, sob pena de responsabilidade solidária.

A afirmação foi considerada incorreta.

Explicação: A assertiva praticamente reproduz o texto do art. 12 da LOS. A diferença é que o disposto legal fala em "recursos ou bens de **origem pública**", enquanto a questão, "recursos ou bens da organização parceira". Ou seja, *no entender da Banca Examinadora*, apenas deve ser objeto de representação ao TC e ao MP a malversação de bens de recursos ou bens repassados à OSCIP pela Administração, o que significaria que irregularidade ou ilegalidade na utilização de recursos ou bens **próprios** da entidade não ensejaria a comunicação aos órgãos de controle.

Art. 13. Sem prejuízo da medida a que se refere o art. 12 desta Lei, havendo indícios fundados de malversação de bens ou recursos de origem pública, os responsáveis pela fiscalização representarão ao **Ministério Público**, à **Advocacia-Geral da União**, para que requeiram ao juízo competente a decretação da **indisponibilidade dos bens da entidade** e o **sequestro dos bens dos seus dirigentes**, bem como de **agente público ou terceiro**, que possam ter enriquecido ilicitamente ou causado dano ao patrimônio público, além de outras medidas consubstanciadas na Lei nº 8.429, de 2 de junho de 1992, e na Lei Complementar n.º 64, de 18 de maio de 1990.

§ 1º O pedido de sequestro será processado de acordo com o disposto nos arts. 822 e 825 do Código de Processo Civil.

§ 2º Quando for o caso, o pedido incluirá a investigação, o exame e o bloqueio de bens, contas bancárias e aplicações mantidas pelo demandado no País e no exterior, nos termos da lei e dos tratados internacionais.

§ 3º Até o término da ação, o Poder Público permanecerá como depositário e gestor dos bens e valores seqüestrados ou indisponíveis e velará pela continuidade das atividades sociais da organização parceira.

1. A medida de **sequestro** prevista no art. 13 da LOSCIP é similar à contemplada no art. 16 da Lei 8.429/92 (aliás, os §§ 1º e 2º de ambos os dispositivos têm exatamente a mesma redação).

1.1. A propósito, perceba-se que o *caput* do artigo 13, inclusive, faz expressa menção à Lei 8.429/92.

1.2. A Lei Complementar n. 64/90, mencionada no mesmo *caput* do art. 13, "estabelece, de acordo com o art. 14, § 9º da Constituição Federal, casos de inelegibilidade, prazos de cessação, e determina outras providências".

2. O sequestro é uma **medida cautelar**, que tem por objetivo, em resumo, *tornar indisponível determinado bem* (ver subitem **2.2.**, abaixo), a fim de garantir o resultado de uma **ação principal** (ver subitem **2.1.**, abaixo). A **indisponibilidade é decretada judicialmente**, mediante requerimento de um dos legitimados (ver item **3,** abaixo) previstos no art. 13 da LOSCIP.

2.1. A **ação principal** é, essencialmente, uma *ação de improbidade administrativa*, e a providência final que a cautelar visa a garantir é exatamente o *ressarcimento ao erário.*

▶ **Jurisprudência do Tribunal Regional Federal da 5ª Região:**

"ADMINISTRATIVO. AÇÃO CIVIL PÚBLICA. IMPROBIDADE ADMINISTRATIVA. **AUSÊNCIA DE PRESTAÇÃO DE CONTAS DE RECURSOS PÚBLICOS ADVINDOS DE CONVÊNIO. DANO AO ERÁRIO PROVADO**. ART. 10, CAPUT, ART. 11, VI, E ART. 12, III, DA LEI Nº 8.429/92. 1 – Situação em que o 'Centro de Estudos e Ação Cultural Quilombo', qualificada como **OSCIP – Organização da Sociedade Civil de Interesse Público**, através de seu presidente, firmou, em dezembro de 2004, Convênio nº 38/2004, com a União Federal, através da Fundação Cultural Palmares-FCP, vinculada ao Ministério da Cultura, objetivando a realização do projeto 'Diálogo Estado e Sociedade: a promoção da igualdade racial e o combate ao racismo no Brasil', de acordo com o plano de trabalho anexado ao referido convênio, porém, apesar de devidamente notificada e de reaberto prazo para Prestação de Contas, jamais fez prova de que teriam realizado o projeto objeto do Convênio, não prestaram contas e nem esclareceram o destino dado à verba pública. **2 – Do apurado nos autos tem-se que existiu dano ao erário, e restou provado que os réus descumpriram sua obrigação de fazer bom uso da verba pública e prestar contas desse uso, nos termos do art. 70, parágrafo único, da CF/88. Em consequência, está tipificada a conduta dos réus como estando inserida no art. 10, caput, e art. 11, VI, ambos da Lei nº 8.429/92, sendo correto o enquadramento dos referidos na Lei de Improbidade Administrativa aplicando-lhes as penas inseridas no inciso III, do art. 12 da mesma lei**. (...)" (AC 00005135120104058500, Desembargador Federal Francisco Wildo, TRF5 – Segunda Turma, DJE – Data::19/04/2012 – Página::273.)

"EMBARGOS DE DECLARAÇÃO. AÇÃO CIVIL PÚBLICA. **IMPROBIDADE ADMINISTRATIVA. CONVÊNIO. FALTA DE PRESTAÇÃO DE CONTAS. ART. 11, INCISO VI, DA LEI N.º 8.429/92**. ALEGAÇÃO DE OMISSÃO. DOSIMETRIA DAS PENAS CABÍVEIS. PRESENÇÃO DE ERRO MATERIAL. PROVIMENTO DOS ACLARATÓRIOS. 1 – **O Presidente do Centro de Estudo e Ação Cultural Quilombo, Organização da Sociedade Civil de Interesse Público – OSCIP, foi declarado ímprobo nos termos do art. 11, inciso VI, da Lei n.º 8.429/92, diante da omissão em mais de 03 (três) anos, apesar de intimado mais de uma vez, na prestação de contas pertinentes ao Convênio n.º 28/2004 SEPPIR/CEACQ**, cujo objeto era apoiar cerca de 50 (cinquenta) jovens negros das camadas menos favorecidas da cidade de Aracaju/SE. O montante oriundo dos cofres públicos foi de R$ 49.840,00 (quarenta e nove mil, oitocentos e quarenta reais). 2 – As penas aplicáveis são as previstas no inciso III do art. 12 da Lei de Improbidade. 3 – O ressarcimento do dano e a perda de função pública não vêm ao caso, pois o acórdão não alcançou a conclusão de ter havido apropriação indevida de verbas públicas, enquanto o réu integra corpo funcional de pessoa jurídica de direito privado.(...)" (EDAC 20088500001455501, Desembargador Federal Cesar Carvalho, TRF5 – Primeira Turma, DJE – Data::28/07/2011 – Página::128.)

2.2. Contudo, ainda que não haja menção implícita (como se percebe, por exemplo, em relação ao art. 10 da LOS) *não se pode descartar a possibilidade de uma ação* ***a ser ajuizada pela própria OSCIP*** em face do dirigente que tenha procedido à administração irregular, com vistas à recomposição patrimonial daquela.

2.3. Tecnicamente, a medida prevista nos arts. 13 da LOSCIP e 16 da Lei de Improbidade Administrativa assemelha-se mais ao *arresto*. Isso porque a previsão legal destina-se, genericamente, ao *patrimônio* da pessoa, e não a determinado bem – sendo exatamente esta a distinção entre arresto e sequestro. Embora se perceba a atecnia legislativa, esta não interfere, é importante notar, na efetividade da medida, ainda mais diante do novo Código de Processo Civil, que se preocupou, apenas, em disciplinar a tutela jurisdicional cautelar em termos gerais (artigo 301), não se incomodando, como o Código revogado, com a disciplina de procedimentos cautelares específicos.

3. A **legitimidade** para a propositura da medida de sequestro está ligada, na perspectiva do *caput* do art. 13, à própria legitimidade para a propositura da ação civil pública por improbidade (ver subitem **2.1.**, acima). Esta está prevista no **art. 17 da Lei n. 8.429/92**, que menciona o "Ministério Público" ou a "pessoa jurídica interessada". Nessa perspectiva, o art. 13 assume que a "pessoa jurídica interessada" é a União – e, por isso, menciona expressamente a AGU;

4. O dispositivo prevê **duas medidas**, ambas decorrentes da administração ímproba da OSCIP:

4.1. A **indisponibilidade dos bens da própria OSCIP**: essa medida visa à integridade das relações jurídicas travadas pela OSCIP com terceiros. Nesse contexto, determinada judicialmente a indisponibilidade dos bens da entidade, *à Administração Pública incumbe velar pela continuidade das atividades sociais da OSCIP*, consoante previsão do § 3º do mesmo art. 13.

4.2. Sequestro dos bens dos dirigentes da OSCIP, de agentes públicos ou de terceiros, *isto é, de qualquer pessoa que tenha concorrido para a administração ímproba da entidade.* Essa medida tem por objetivo garantir o ressarcimento ao erário.

Indisponibilidade de bens da OSCIP	Sequestro de bens dos dirigentes, de agentes públicos ou de terceiros
Resguardar lesão a terceiros (a Administração Pública velará pela continuidade das atividades)	*Garantir o ressarcimento ao erário*

5. O § 3º trata de espécie de **encampação da atividade** exercida pela OSCIP. Em razão do interesse público subjacente (e, até mesmo, do *princípio da continuidade dos serviços públicos*), a Administração Pública federal permanecerá "velando pela continuidade das atividades sociais da entidade".

6. A expressão "Até o término da ação" deve ser compreendida como **até o término da ação principal**, e não apenas da cautelar. Com efeito, não faria sentido a retomada dos bens e das atividades pela OSCIP com o mero encerramento da cautelar, na medida em que esta apenas tem por objetivo assegurar o resultado prático da ação principal.

7. Por fim, destaca-se que a menção feita pelo § 1º aos artigos 822 e 825 do Código de Processo Civil diz respeito ao CPC de 1973, já revogado. O novo Código não disciplina a medida de sequestro ou a de arresto de forma específica, uma vez que, no que diz respeito à tutela jurisdicional cautelar, limitou-se a traçar linhas gerais (artigo 301).

Art. 14. A organização parceira fará publicar, no prazo **máximo de trinta dias**, contado da assinatura do Termo de Parceria, **regulamento próprio** contendo os procedimentos que adotará para a **contratação de obras e serviços**, bem como para **compras com emprego de recursos provenientes do Poder Público**, observados os **princípios estabelecidos no inciso I do art. 4º** desta Lei.

1. A previsão da edição de um regulamento próprio é materialização dos princípios constitucionais da Administração Pública (repetidos que são no art. 4º, I) sobre a OSCIP, a partir do momento em que celebrado o termo de parceria.

2. Na medida em que passa a receber recursos públicos, deve adotar uma metodologia *objetiva* e *impessoal* para:

2.1. Contratação de obras e serviços; e

2.2. Compras.

3. Embora não haja previsão legal expressa, deve-se entender que a *contratação de pessoal*, na medida em que corresponda à aplicação de recursos públicos, também deve ser realizada de forma pessoal e objetiva, recomendando-se, para tanto, a realização de processo seletivo (ainda que simplificado).

Art. 15. Caso a organização **adquira bem imóvel** com recursos provenientes da celebração do Termo de Parceria, este será gravado com **cláusula de inalienabilidade**.

1. A lógica do dispositivo é simples: se a OSCIP, com recursos públicos, adquiriu bem imóvel, não poderá aliená-lo, dado o seu caráter público. Daí a cláusula de inalienabilidade.

→ **Aplicação em concurso.**

- *Juiz de Direito/ES (2009)*
"Por ter a verba repassada pelo poder público à OSCIP natureza de preço ou remuneração, que passa a integrar seu patrimônio, bem imóvel por ela adquirido com recursos provenientes da celebração do termo de parceria não será gravado com cláusula de inalienabilidade."
Resposta: A alternativa está incorreta.

2. Relembre-se, a propósito, que eventual desqualificação da OSCIP importará na reversão deste imóvel a outra OSCIP, de objeto social similar (art. 4º, V, da LOSCIP). Não existindo OSCIP nessa condição, a reversão deve-se dar à própria Administração Pública. Ainda que não haja previsão expressa na LOSCIP, aplica-se por analogia, aqui, o art. 16, § 2º, da LOS.

Art. 15-B. A prestação de contas relativa à execução do Termo de Parceria perante o órgão da entidade estatal parceira refere-se à correta aplicação dos recursos públicos recebidos e ao adimplemento do objeto do Termo de Parceria, mediante a apresentação dos seguintes documentos: (Incluído pela Lei 13.019, de 2014)

I – relatório anual de execução de atividades, contendo especificamente relatório sobre a execução do objeto do Termo de Parceria, bem como comparativo entre as metas propostas e os resultados alcançados; (Incluído pela Lei 13.019, de 2014)

II – demonstrativo integral da receita e despesa realizadas na execução; (Incluído pela Lei 13.019, de 2014)

III – extrato da execução física e financeira; (Incluído pela Lei 13.019, de 2014)

IV – demonstração de resultados do exercício; (Incluído pela Lei 13.019, de 2014)

V – balanço patrimonial; (Incluído pela Lei 13.019, de 2014)

VI – demonstração das origens e das aplicações de recursos; (Incluído pela Lei 13.019, de 2014)

VII – demonstração das mutações do patrimônio social; (Incluído pela Lei 13.019, de 2014)

VIII – notas explicativas das demonstrações contábeis, caso necessário; (Incluído pela Lei 13.019, de 2014)

IX – parecer e relatório de auditoria, se for o caso. (Incluído pela Lei 13.019, de 2014)

1. Com o objetivo de dar maior transparência à execução do termo de parceria, a Lei 13.019/2014 incluiu o artigo 15-B à LOSCIP, disciplinando os elementos que deverão constar na **prestação de contas** a ser apresentada pela OSCIP que recebe recursos públicos.

CAPÍTULO III
Das disposições finais e transitórias

Art. 16. É vedada às entidades qualificadas como Organizações da Sociedade Civil de Interesse Público a **participação em campanhas de interesse político-partidário ou eleitorais**, sob quaisquer meios ou formas.

1. A previsão do art. 16 é mera decorrência da própria vedação da concessão da qualificação de OSCIP às organizações partidárias (art. 2º, IV).

→ **Aplicação em concurso.**

- *Juiz Federal – 2ª Região (2013).*

  Por expressa disposição legal, doações poderão realizadas por OSCIP a partidos políticos ou candidatos a mandatos eletivos; entretanto, tais doações devem, necessariamente, ser incluídas na prestação de contas da doadora e, ao final de cada exercício, devem ser submetidas ao tribunal de contas respectivo, a fim de se realizar o controle contábil-financeiro da organização.

  Resposta: a alternativa está incorreta

Art. 17. O Ministério da Justiça permitirá, mediante requerimento dos interessados, **livre acesso público** a todas as informações pertinentes às Organizações da Sociedade Civil de Interesse Público.

1. A previsão do art. 17 é materialização específica do princípio constitucional da publicidade, consubstanciando, ainda, meio de possibilitar o controle das atividades exercidas pelas OSCIPs a toda a sociedade.

Art. 18. As pessoas jurídicas de direito privado sem fins lucrativos, qualificadas com base em outros diplomas legais, poderão qualificar-se como Organizações da Sociedade Civil de Interesse Público, desde que atendidos aos requisitos para tanto exigidos, sendo-lhes assegurada a manutenção simultânea dessas qualificações, até cinco anos contados da data de vigência desta Lei. (Redação dada pela Medida Provisória n. 2.216-37, de 2001)

§ 1º Findo o prazo de cinco anos, a pessoa jurídica interessada em manter a qualificação prevista nesta Lei deverá por ela optar, fato que implicará a renúncia automática de suas qualificações anteriores. (Redação dada pela Medida Provisória n. 2.216-37, de 2001)

§ 2º Caso não seja feita a opção prevista no parágrafo anterior, a pessoa jurídica perderá automaticamente a qualificação obtida nos termos desta Lei.

1. O art. 18 trata da possibilidade de que pessoas jurídicas de direito privado sem fins lucrativos que já tenham, por outra forma, recebido qualificação que reconhecesse sua relevância social (relembre-se, contudo, que não podem ser qualificadas como OSCIPs as OSs – art. 2º, IX, da LOSCIP), sejam qualificadas como OSCIP, *mantendo ambas as qualificações pelo prazo de cinco anos*. Ao fim dos cinco anos, deve a entidade optar expressamente pela qualificação como OSCIP, sob pena de perdê-la (§ 2º).
2. A redação original do art. 18 e seu § 1º previa o prazo de dois anos.

Art. 19. O Poder Executivo regulamentará esta Lei no prazo de trinta dias.

1. A LOSCIP foi regulamentada pelo Decreto n. 3.100, de 30 de junho de 1999, cujos principais excertos já foram mencionados ao longo dos comentários.

Art. 20. Esta Lei entra em vigor na data de sua publicação.

Brasília, 23 de março de 1999; 178º da Independência e 111º da República.

FERNANDO HENRIQUE CARDOSO

Renan Calheiros

Pedro Mallan

Ailton Barcelos Fernandes

Paulo Renato Souza

Francisco Dornelles

Waldeck Ornélas

José Serra

Paulo Paiva

Clovis de Barros Carvalho

ANOTAÇÕES

ANOTAÇÕES

ANOTAÇÕES

EDITORA
JusPODIVM
www.editorajuspodivm.com.br